Carlos Reviejo

CANTEMOS A LA NAVIDAD
Villancicos, aguinaldos, romances y poemas de Navidad

sm

Nota para el lector
Los villancicos marcados con un asterisco
son los que aparecen en el CD
que acompaña al libro.

El autor agradece a Carmen Cerrolaza y Vidal Guillén (La Rioja),
Ana Reviejo (Murcia), Arturo Ruiz Taboada (Toledo),
Jesús Reviejo (Ciudad Real), Francisco García "Federico",
Laura Cepeda, Clemen, Ignacio Bretones e Isabel Pereda Revuelta,
Estela Jiménez Oliver y José María de Castro Mena
por sus aportaciones bibliográficas y fonográficas, en unos casos,
y sus informaciones, en otros.

Esta obra ha sido publicada con la ayuda de la Dirección General del Libro,
Archivos y Bibliotecas del Ministerio de Educación, Cultura y Deporte.

© de la selección de los villancicos: Carlos Reviejo, 2002

Proyecto y dirección editorial: María Castillo
Coordinación técnica: Teresa Tellechea

Diseño de cubierta: Alfonso Ruano / Carmen Corrales

© Ediciones SM, 2002
   Joaquín Turina, 39 - 28044 Madrid

Comercializa: CESMA, SA - Aguacate, 43 - 28044 Madrid

ISBN: 84-348-9006-2
Depósito legal: M-42834-2002
Impreso en España / *Printed in Spain*
Huertas Industrias Gráficas, SA
Fuenlabrada (Madrid)

No está permitida la reproducción total o parcial de este libro, ni su tratamiento informático, ni la transmisión de ninguna forma o por cualquier medio, ya sea electrónico, mecánico, por fotocopia, por registro u otros métodos, sin el permiso previo y por escrito de los titulares del *copyright*.

Introducción

Una mal entendida globalización cultural está logrando que algunas de nuestras tradiciones, muchas de ellas con siglos de arraigo, desaparezcan sustituidas por otras que nada tienen que ver con nuestra forma de ser ni con el área geográfica en la que estamos ubicados. Este es el caso, por ejemplo, de la introducción, dentro de las fiestas navideñas, del abeto o de Santa Claus, costumbres, ambas, anglosajonas, en detrimento del popular Belén y la fiesta de los Reyes Magos.

Por suerte, otras, tal es el caso del villancico, aguantan mejor el tirón de las modas y parecen afianzadas, sin que, de momento, haya nada que amenace su permanencia entre nosotros.

¿Qué sería la Navidad sin el villancico?

Durante años, primero como elemento de la liturgia navideña, y después, sin dejar esta función, como acompañamiento musical y lúdico en las celebraciones sociales propias de estas fiestas, el villancico ha sido uno de los protagonistas indiscutibles. No podríamos concebir la Navidad sin él, como no podríamos hacerlo sin los turrones y la lotería, por ejemplo.

Cantemos a la Navidad *pretende ser una modesta contribución a la conservación de esta pieza tan entrañable de nuestro folclore. En esta recopilación, que no se ha pretendido que sea exhaustiva, están recogidos los villancicos más populares, cantados en toda la geografía española, y otros más locales, nacidos en diferentes lugares de las comunidades autónomas.*

Además de los villancicos, propiamente dichos, se han incluido romances y poemas anónimos relacionados con el ciclo de la Navidad, además de otros de carácter culto, de autor conocido, y que fueron escritos para ser cantados.

Es curioso observar, al igual que sucede en otras ramas del folclore, la diversidad de versiones que podemos encontrar de un mismo tema, según el lugar en donde hayan sido recogidos los villancicos o romances. Por eso, se hace necesario señalar que aquí se recogen las que, a criterio del recopilador, mejor se adaptan al fin para el que se destina este libro.

Esperamos que Cantemos a la Navidad *cumpla las exigencias que pretende la colección "Para padres y maestros", que no son otras que las de servir de material auxiliar a los padres y educadores, y contribuir, como se señalaba más arriba, a la conservación de este rico patrimonio popular, difundiéndolo entre los más pequeños.*

Carlos REVIEJO
El Tiemblo, 2002

Nota del editor

Esta antología contiene un gran número de villancicos de nuestro folclore que se han recopilado buscando en cancioneros y en muchos otros libros dedicados al folclore en general y villancicos en particular.

Se tomó la decisión de ordenarlos y reunirlos por comunidades autónomas.

El problema que presenta este criterio es que enfrenta una realidad administrativa reciente —como es la de las comunidades autónomas— a una tradición oral que se remonta en el tiempo y es muy difícil de delimitar geográficamente. Así pues, hemos intentado situar los villancicos lo más exactamente posible, pero puede que haya varios que se canten en más de una comunidad autónoma y solo aparezcan en una de ellas. Por ello, pedimos al lector que nos disculpe.

En cuanto a la grafía, se ha optado por respetar las letras en gallego, vasco y bable tal y como se hallaron recopiladas, ya que, como el villancico es antiguo, el transcribirlo según la normativa podía romper el ritmo.

En cuanto a los villancicos de otros países, el recopilador ha intentado recoger algunos de los más populares de los países de lengua alemana e inglesa.

Por último, agradecemos la gran ayuda de Marinella Terzi en la traducción y revisión de los villancicos en alemán, la de Núria Font i Ferré en la traducción y revisión de los villancicos de Baleares, Cataluña y la Comunidad Valenciana, y la de Carlos Muñoz en la de los villancicos en vasco, así como la ayuda aportada por Félix Rodríguez en la búsqueda de algunos villancicos.

CANTEMOS A LA NAVIDAD

Pastorcitos de Judea

*Pastorcitos de Judea
una nueva os quiero dar, os quiero dar,
que el Mesías ha nacido,
duerme en un pobre portal.*

*Gloria en el Cielo,
Paz en el suelo,
suena el cantar
de la Navidad.
Din, dirindín,
din, dirindán.
En el huerto de María
ha florecido un rosal,
en el huerto de María
ha florecido un rosal.*

*Reclinado en un pesebre
hallaréis al Redentor, al Redentor,
envuelto en pobres pañales,
tiembla de frío y amor.*

*Gloria en el Cielo,
Paz en el suelo,
suena el cantar
de la Navidad.
Din, dirindín,
din, dirindán.
En el huerto de María
ha florecido un rosal,
en el huerto de María
ha florecido un rosal.*

La Virgen lleva una rosa

*La Virgen lleva una rosa
en su divina pechera,
que se la dio san José
antes que el Niño naciera.*

*Alegría, alegría, alegría,
alegría, alegría y placer,
que esta noche nace el Niño
en el Portal de Belén.*

*En un portalito oscuro,
llenito de telarañas,
tuvo la Virgen María
al Niño de sus entrañas.*

*Alegría, alegría, alegría,
alegría, alegría y placer,
que esta noche nace el Niño
en el Portal de Belén.*

*Sopas le hicieron al Niño;
no se las quiso comer,
y como estaban tan dulces
se las comió san José.*

*Alegría, alegría, alegría,
alegría, alegría y placer,
que esta noche nace el Niño
en el Portal de Belén.*

*Todos le llevan al Niño,
yo no tengo qué llevarle;
le daré mi corazón
que le sirva de pañales.*

*Alegría, alegría, alegría,
alegría, alegría y placer,
que esta noche nace el Niño
en el Portal de Belén.*

Arre, borriquito

*En la puerta de mi casa
voy a poner un petardo
"pa" reírme del que venga
a pedir el aguinaldo.
Pues si voy a dar a todo
el que venga en Nochebuena,
yo sí que voy a tener
que pedir de puerta en puerta.*

*Arre borriquito,
arre, burro, arre,
anda más deprisa,
que llegamos tarde.
Arre borriquito,
vamos a Belén,
que mañana es fiesta
y al otro también.*

*En el cielo hay una estrella
que a los Reyes Magos guía
hacia Belén,
para ver a Dios,
hijo de María.*

*Cuando pasan los monarcas,
sale la gente al camino,
y a Belén se van con ellos
para ver al tierno Niño.*

*Arre borriquito,
arre, burro, arre,
anda más deprisa,
que llegamos tarde.
Arre borriquito,
vamos a Belén,
que mañana es fiesta
y al otro también.*

*En la puerta de mi casa
voy a poner un petardo
"pa" reírme del que venga
a pedir el aguinaldo.
Pues si voy a dar a todo
el que venga en Nochebuena,
yo sí que voy a tener
que pedir de puerta en puerta.*

Los pastores son

Los pastores que van a Belén
los va acompañando un ángel de Dios,
y la Virgen cuida de su niño,
mientras que le adoran con mucho fervor.

Los pastores son, los pastores son
los primeros que en la Nochebuena
fueron a cantarle su linda canción.

Esta noche es la Nochebuena
y mañana Pascua de la Navidad,
y en el mundo reina la alegría,
que ha nacido el Niño que en Belén está.

Los pastores son, los pastores son
los primeros que en la Nochebuena
fueron a cantarle su linda canción.

En Belén tocan a fuego

En Belén tocan a fuego,
del Portal salen las llamas,
porque dicen que ha nacido
el Redentor de las almas.

Brincan y bailan los peces en el río,
brincan y bailan por ver a Dios nacido.
Brincan y bailan los peces en el agua,
brincan y bailan de ver nacida el alba.

En el Portal de Belén
nació un clavel encarnado,
que por redimir al mundo
se ha vuelto lirio morado.

Brincan y bailan los peces en el río,
brincan y bailan por ver a Dios nacido.
Brincan y bailan los peces en el agua,
brincan y bailan de ver nacida el alba.

Los pastores en Belén
llevaban haces de leña,
para calentar al Niño
que ha nacido en Nochebuena.

Brincan y bailan los peces en el río,
brincan y bailan por ver a Dios nacido.
Brincan y bailan los peces en el agua,
brincan y bailan de ver nacida el alba.

Tararán *

Tararán,
si "vies" a la una
verás al Niño en la cuna.

Y el Belén en el portal,
que no hay tararán
como adorar al Niño,
que no hay tararán
como al Niño adorar.

Tararán,
si "vies" a las dos,
verás al Hijo de Dios.

Y el Belén en el portal,
que no hay tararán
como adorar al Niño,
que no hay tararán
como al Niño adorar.

Tararán,
si "vies" a las tres,
verás al Niño y al buey.

Y el Belén en el portal,
que no hay tararán
como adorar al Niño,
que no hay tararán
como al Niño adorar.

La Virgen fue lavandera

*La Virgen bajó a lavar
sus blancas manos al río.
El agua quedó hechizada,
la luna se ha oscurecido.*

*Ríete, Niño, no llores más,
que a mí me aflige el verte llorar.
Ay, sí, sí, sí, el verte llorar,
ay, sí, sí, sí, el verte llorar.*

*Este niño que aquí está
durmiendo sobre unas pajas,
tan pobre y humilde, es
nuestro Supremo Monarca.*

*Ríete, Niño, no llores más,
que a mí me aflige el verte llorar.
Ay, sí, sí, sí, el verte llorar,
ay, sí, sí, sí, el verte llorar.*

*Ay, no me hagas pucheritos,
que me vas a hacer llorar.
Callad, que aquello que hice
no lo volveré a hacer más.*

*Ríete, Niño, no llores más,
que a mí me aflige el verte llorar.
Ay, sí, sí, sí, el verte llorar,
ay, sí, sí, sí, el verte llorar.*

Hacia Belén va una burra

Hacia Belén va una burra,
rin, rin,
yo me remendaba,
yo me remendé,
yo me eché un remiendo,
yo me lo quité,
cargada de chocolate.
Lleva su chocolatera,
rin, rin,
yo me remendaba,
yo me remendé,
yo me eché un remiendo,
yo me lo quité,
su molinillo y su anafre.
María, María,
ven acá corriendo,
que el chocolatillo
se lo están comiendo.
María, María,
ven acá volando,
que el chocolatillo
se lo están llevando.

Dime, Niño, ¿de quién eres?

Dime, Niño, ¿de quién eres
todo vestido de blanco?
—Soy de la Virgen María
y del Espíritu Santo.

Resuenen con alegría
los cánticos de mi tierra,
y viva el Niño de Dios
que ha nacido en Nochebuena.

—Dime, Niño, ¿de quién eres
todo vestido de verde?
—Soy de la Virgen María
y he nacido en un pesebre.

Resuenen con alegría
los cánticos de mi tierra,
y viva el Niño de Dios
que ha nacido en Nochebuena.

—Dime, Niño, ¿de quién eres
todo vestido de azul?
—Soy de la Virgen María
y he de morir en la Cruz.

Resuenen con alegría
los cánticos de mi tierra,
y viva el Niño de Dios
que ha nacido en Nochebuena.

La Nochebuena se viene,
tururú,
la Nochebuena se va,
tururú,
y nosotros nos iremos,
tururú,
y no volveremos más.

Campana sobre campana

Campana sobre campana
y sobre campana una,
asómate a la ventana
verás al Niño en la cuna.

Belén, campanas de Belén,
que los ángeles tocan,
¿qué nuevas me traéis?

—Recogido tu rebaño,
¿adónde vas, pastorcito?
—Voy a llevar al Portal
requesón, manteca y vino.

Belén, campanas de Belén,
que los ángeles tocan,
¿qué nuevas me traéis?

Campana sobre campana
y sobre campana dos,
asómate a la ventana,
verás al hijo de Dios.

Belén, campanas de Belén,
que los ángeles tocan,
¿qué nuevas me traéis?

—Caminando a medianoche,
¿dónde caminas, pastor?
—Le llevo al Niño que nace
pieles que le den calor.

Belén, campanas de Belén,
que los ángeles tocan,
¿qué nuevas me traéis?

Campana sobre campana
y sobre campana tres,
asómate a la ventana
verás al Niño nacer.

Belén, campanas de Belén,
que los ángeles tocan,
¿qué nuevas me traéis?

Ro, ro, ro, mi Niño

Con guitarras y almireces,
con guitarras y almireces,
panderetas y sonajas,
vamos a ver a Jesús,
vamos a ver a Jesús,
porque ha nacido entre pajas.

Ro, ro, ro, ro, mi Niño,
¡quién te arrullara!,
yo gustoso lo hiciera
si me dejaras.
Ro, ro , mi Niño, ro, ro,
ro, ro, mi Niño, ro.

Con rabeles y zambombas,
con rabeles y zambombas,
chirimías y panderos,
vámonos hasta Belén,
vámonos hasta Belén,
que ha nacido el Rey del Cielo.

Ro, ro, ro, ro, mi Niño,
¡quién te arrullara!,
yo gustoso lo hiciera
si me dejaras.
Ro, ro , mi Niño, ro, ro,
ro, ro, mi Niño, ro.

Los pastores y pastoras

Los pastores y pastoras
toditos se reunieron,
y juntando sus ganados
todos marcharon corriendo.

Todo será alegría,
todo será placer,
todo será alabanza
al hijo de san José.

Corred, pastorcitos,
corred a adorar
al Rey de los Cielos,
al Rey de los Cielos,
que ha nacido ya.
Corred, pastorcitos,
corred a adorar
al Rey de los Cielos,
al Rey de los Cielos,
que ha nacido ya.

A Belén, pastores

*Los pastores que supieron
que el Niño ha nacido ya,
encerraron sus ganados
y se fueron al Portal.*

*A Belén, pastores,
a Belén, chiquitos,
que ha nacido el Rey
de los angelitos.*

*Los pastores y zagalas
caminan hacia el Portal
llevando llenos de frutas
los cestos y el delantal.*

*A Belén, pastores,
a Belén, chiquitos,
que ha nacido el Rey
de los angelitos.*

*Los pastores daban saltos
y bailaban de contentos
al ver que los angelitos
tocaban los instrumentos.*

*A Belén, pastores,
a Belén, chiquitos,
que ha nacido el Rey
de los angelitos.*

Campanas de Navidad

*El Portal de Belén
luce como el sol,
y en la noche fría
ha nacido el Redentor.*

*Cruza el mar una luz,
nace nuestro Dios;
llegan los pastores
y le dan su corazón.*

*Yo también le doy
cariño de verdad;
ha nacido el Niño
que al mundo salvará.*

*Eso sí es amor;
en la Navidad,
ya están floreciendo
los caminos de la paz.*

*El rosal floreció,
todo es un azahar,
suenan en el cielo
cascabeles de cristal.*

*Yo también cantaré
lleno de emoción;
tocan las campanas
y repiten mi oración.*

*Ya los Reyes van
a los bosques a buscar
un camino blanco
que conduce a la verdad.*

*Eso sí es amor;
en la Navidad,
ya están floreciendo
los caminos de la paz.*

Gloria in excelsis Deo

Ángeles en las alturas,
con sus voces de cristal,
van cantando gloria al Niño,
y a los hombres cantan paz.

Gloria in excelsis Deo,
gloria in excelsis Deo.

Niño, que de noche vienes,
no nos dejes de mirar,
si tus ojos se durmieran,
el amor los abrirá.

Gloria in excelsis Deo,
gloria in excelsis Deo.

Hoy se cumple su promesa,
nuestro Dios nos va a salvar.
Con los ángeles cantemos
para siempre su bondad.

Gloria in excelsis Deo,
gloria in excelsis Deo.

Ángeles, llenad la Tierra
del anuncio celestial.
Ángeles, tocad a gloria,
Ángeles, cantad la paz.

Gloria in excelsis Deo,
gloria in excelsis Deo.

Gloria demos a Dios Padre,
gloria al Niño celestial,
y al Espíritu la gloria
proclamemos sin cesar.

Gloria in excelsis Deo,
gloria in excelsis Deo.

Los peces en el río

La Virgen se está peinando
entre cortina y cortina,
los cabellos son de oro,
los peines de plata fina.

Pero mira cómo beben
los peces en el río,
pero mira cómo beben
por ver a Dios nacido.
Beben y beben
y vuelven a beber,
los peces en el río
por ver a Dios nacer.

La Virgen está lavando
y tendiendo en el romero,
los angelitos cantando
y el romero floreciendo.

Pero mira cómo beben
los peces en el río,
pero mira cómo beben
por ver a Dios nacido.
Beben y beben
y vuelven a beber,
los peces en el río
por ver a Dios nacer.

La Virgen está lavando
con un trozo de jabón;
se le cortaron las manos,
manos de mi corazón.

Pero mira cómo beben
los peces en el río,
pero mira cómo beben
por ver a Dios nacido.
Beben y beben
y vuelven a beber,
los peces en el río
por ver a Dios nacer.

Alepún

La Virgen va caminando, alepún,
la Virgen va caminando, alepún,
por una montaña sube, alepún,
alepún, ale, alepún,
alepún, ale, alepún,
alepún, catapún.

La Virgen es panadera, alepún,
la Virgen es panadera, alepún,
quién comiera de su pan, alepún,
alepún, ale, alepún,
alepún, ale, alepún,
alepún, catapún.

El Niño la está mirando, alepún,
el Niño la está mirando, alepún,
y le pide de ese pan, alepún,
alepún, ale, alepún,
alepún, ale, alepún,
alepún, catapún.

¿De quién son esas gallinas, alepún,
de quién son esas gallinas, alepún,
que están en ese corral?
alepún, ale, alepún,
alepún, ale, alepún,
alepún, catapún.

Las gallinas son del cura, alepún,
las gallinas son del cura, alepún,
y el gallo del sacristán.
alepún, ale, alepún,
alepún, ale, alepún,
alepún, catapún.

UNA PANDERETA SUENA

Una pandereta suena,
una pandereta suena,
yo no sé por dónde irá.

Sal mirandillo arandandillo,
sal mirandillo arandandán.
Cabo de guardia, alerta está.

No le despiertes al Niño,
no le despiertes al Niño,
que ahora mismo se durmió.

Sal mirandillo arandandillo,
sal mirandillo arandandá.
Cabo de guardia, alerta está.

Que lo durmió una zagala,
que lo durmió una zagala
como los rayos del Sol.

Sal mirandillo arandandillo,
sal mirandillo arandandán.
Cabo de guardia, alerta está.

Tuvo su pecho tan dulce,
tuvo su pecho tan dulce,
que pudo dormir a Dios.

Sal mirandillo arandandillo,
sal mirandillo arandandán.
Cabo de guardia, alerta está.

El diciembre más glacial

*El diciembre más glacial
sus nubes retira,
y un abril primaveral
a la Tierra mira.*

*Nace un capullito en flor,
despidiendo el suave olor
de una ro, ro, ro,
de una sa, sa, sa,
de una ro, de una sa,
de una rosa bella
que de amor destella.*

*Todo el mundo se perdió
en tiniebla oscura,
mas el día amaneció
con su luz más pura.*

*De la noche, a la mitad,
el Sol dio su claridad
de una be, be, be,
de una lla, lla, lla,
de una be, de una lla,
de una bella aurora
que a Dios enamora.*

Carrasclás

Carrasclás,
¡qué majico está el Niño!
Carrasclás,
¡qué bonito que está!
Carrasclás,
¡qué madre que tiene!
Carrasclás, carrasclás, carrasclás.

Carrasclás,
yo te doy mi quesito.
Carrasclás,
yo te doy mi panal.
Carrasclás,
yo te doy mi ovejita.
Carrasclás, carrasclás, carrasclás.

Carrasclás,
yo te doy mi alma.
Carrasclás,
yo te la he de dar.
Carrasclás,
¡qué majico está el Niño!
Carrasclás, carrasclás, carrasclás.

Carrasclás,
¡qué majico está el Niño!
Carrasclás,
¡qué bonito que está!
Carrasclás,
¡qué madre que tiene!
Carrasclás, carrasclás, carrasclás.

La jornada

¡Din, din, din!
Es hora de partir.
¡Din, din, din!

Camino de Belén,
los esposos van
desde Nazaret,
desde Nazaret.

La Virgen María,
modesta y sencilla,
es la maravilla
del dichoso Edén,
del dichoso Edén.

Sobre un jumentillo
se sienta María,
y es experto guía
el casto José,
el casto José.

Van José y María,
van hacia Belén,
donde nuestro Bien
ha de aparecer,
ha de aparecer.

Largo es el camino,
aire sofocante,
es más importante
cumplir el deber,
cumplir el deber.

Llegan muy cansados,
al morir el día,
y en la noche fría
no hay donde hospedar,
no hay donde hospedar.

Posadas repletas
de inmenso gentío,
¡ah, Señor, Dios mío!,
¿adónde llegar?,
¿adónde llegar?

Y saliendo al campo,
una gruta encuentran,
y en ella se adentran
para pernoctar,
para pernoctar.

San José y la Virgen,
la mula y el buey
fueron los que vieron
al Niño nacer,
al Niño nacer.

Celebremos juntos
este hermoso día:
llega la alegría
de la Navidad,
de la Navidad.

Ya vienen los Reyes

Ya vienen los Reyes
por aquel camino,
ya le traen al Niño
sopitas con vino.

Pampanitos verdes,
hojas de limón,
la Virgen María,
Madre del Señor.

Ya vienen los Reyes
por los arenales,
ya le traen al Niño
muy ricos pañales.

Pampanitos verdes,
hojas de limón,
la Virgen María,
Madre del Señor.

Zumba, zúmbale al pandero

La Virgen se fue a lavar
los pañuelos en la fuente,
y le dijo a san José:
—Cuida al Niño, no despierte.

Zumba, zúmbale al pandero,
al pandero y al rabel.
Toca, toca la zambomba,
dale, dale al almirez.

Esta noche nace un niño
blanco, rubio y colorado,
que ha de ser el pastorcito
que me cuide mi ganado.

Zumba, zúmbale al pandero,
al pandero y al rabel.
Toca, toca la zambomba,
dale, dale al almirez.

La Virgen es panadera
y san José carpintero,
y el Niño recoge astillas
para cocer el puchero.

Zumba, zúmbale al pandero,
al pandero y al rabel.
Toca, toca la zambomba,
dale, dale al almirez.

Gatatumba

Gatatumba, tumba, tumba,
con panderos y sonajas,
gatatumba, tumba, tumba,
no te metas en las pajas.

Gatatumba, tumba, tumba,
toca el pito y el rabel,
gatatumba, tumba, tumba,
tamboril y cascabel.

Madre, a la puerta hay un niño

—Madre, a la puerta hay un niño
más hermoso que el sol bello,
y dice que tiene frío
porque el pobre está en cueros.

—Anda y dile que entre,
  se calentará,
porque en esta tierra
  ya no hay caridad,
ni nunca la ha habido
  ni nunca la habrá,
ni nunca la ha habido
  ni nunca la habrá.

Entra el Niño y se calienta,
y después de calentado,
le pregunta la patrona
de qué pueblo es su reinado.

—Yo soy de Belén
desde que nací;
mi Padre es del Cielo,
mi Madre, también,
y he venido al mundo
para padecer,
y he venido al mundo
para padecer.

—Hazle la cama a este Niño,
házsela con mucho amor.
—Patrona, no quiero cama,
que mi cama es un rincón.

Yo soy de Belén
desde que nací,
y hasta que me muera
ha de ser así,
y hasta que me muera
ha de ser así.

OLÉ, OLANDA

La Virgen va caminando,
la Virgen va caminando,
caminito de Belén.

Olé, olé, olanda, olé,
olanda ya se ve,
ya se ve, ya se ve.

Como el camino es tan largo,
como el camino es tan largo,
pide el Niño de beber.

Olé, olé, olanda, olé,
olanda ya se ve,
ya se ve, ya se ve.

No pidas agua, bien mío,
no pidas agua, bien mío,
no pidas agua mi bien.

Olé, olé, olanda, olé,
olanda ya se ve,
ya se ve, ya se ve.

Que los ríos vienen turbios,
que los ríos vienen turbios
y no se puede beber.

Olé, olé, olanda, olé,
olanda ya se ve,
ya se ve, ya se ve.

Ya vienen los Reyes Magos,
ya vienen los Reyes Magos
caminito de Belén.

Olé, olé, olanda, olé,
olanda ya se ve,
ya se ve, ya se ve.

Cargaditos de juguetes,
cargaditos de juguetes,
para al Niño entretener.

Olé, olé, olanda, olé,
olanda ya se ve,
ya se ve, ya se ve.

Olé, olé, olanda, olé,
olanda ya se ve,
ya se ve, ya se ve.

Olé, olé, olanda, olé,
olanda ya se ve,
ya se ve, ya se ve.

Pastores, venid

*Esta noche nace el Niño
entre la escarcha y el hielo.
¡Quién pudiera, Niño mío,
vestirte de terciopelo!*

*Pastores, venid,
pastores, llegad,
a adorar al Niño
a adorar al Niño
que ha nacido ya.*

*Una estrella se ha perdido
y en el cielo no aparece,
en el Portal se ha metido
y en su rostro resplandece.*

*Pastores, venid,
pastores, llegad,
a adorar al Niño
a adorar al Niño
que ha nacido ya.*

*En el Portal de Belén
hay estrellas, sol y luna,
la Virgen y san José
y el Niño que está en la cuna.*

*Pastores, venid,
pastores, llegad,
a adorar al Niño
a adorar al Niño
que ha nacido ya.*

*Sopas le hicieron al Niño;
no se las quiso comer,
y como estaban tan dulces
se las comió san José.*

En el Portal de Belén

En el Portal de Belén
cantan alegres pastores
para que se alegre el Niño
que ha nacido entre las flores.

Gloria, gloria al Bien Nacido.
Vaya, vaya otro villancico.

En el Portal de Belén
el invierno es primavera:
el Mesías esperado
en Jesús baja a la Tierra.

Gloria, gloria al Bien Nacido.
Vaya, vaya otro villancico.

En el Portal de Belén
se ha detenido un lucero,
anunciando a los pastores
que ha nacido el Dios del Cielo.

Gloria, gloria al Bien Nacido.
Vaya, vaya otro villancico.

Huyendo del rey Herodes

Por el camino de Egipto, del aire,
se acercan Santa María, san José
y el Niño envuelto en pañales.
Huyendo del rey Herodes
  van los tres,
hiriéndose en los zarzales, del aire,
hiriéndose en los zarzales.

Al pie de una fuente clara,
la Virgen busca cobijo,
y se le alegra la cara
con la sonrisa del hijo.

De luto está la Judea, dulce amor,
allí consuelo no había, qué dolor,
allí consuelo no había,
porque la sangre inocente se vertió
en vez de la del Mesías, dulce amor,
en vez de la del Mesías.

Mal haya al "lao" de tu gente,
que se cumplió el mandamiento,
porque la sangre inocente
te sirve a ti de tormento.

Por el camino de Egipto a Nazaret,
se acercan santa María, san José
y el Niño de sus amores,
al tiempo que caminando
  van los tres,
les cantan los ruiseñores, del aire,
les cantan los ruiseñores.

(Villancico flamenco)

La farolita

*Sobre la cunita
hoy he visto arder
una farolita
como la del tren.*

*Como la del tren
que alumbra con gas
a la medianoche
y a la "madrugá".*

*La farola que a los Reyes
vino anunciando el camino
y que les trajo a Belén
a ver al Niño divino.*

*Son negros sus ojos,
rubio es su color,
sus labios son rojos
cual teñida flor.*

*Cual teñida flor
que al amanecer
entreabre sus hojas
por primera vez.*

*La farola que a los Reyes
vino anunciando el camino
y que les trajo a Belén
a ver al Niño divino.*

La pastora Catalina *

*La pastora Catalina
también lleva su regalo:
de naranjitas de China
un borriquito cargado,
de naranjitas de China
un borriquito cargado.*

*Pastores, venid,
pastores, llegad,
que el Rey de los Cielos
ha nacido ya.*

*Un pastor le lleva leche
y otro, batatas cocidas,
otro, roscas mantecadas,
y otro, cuarto de arropía,
otro, roscas mantecadas,
y otro, cuarto de arropía.*

*Pastores, venid,
pastores, llegad,
que el Rey de los Cielos
ha nacido ya.*

Al filo de la medianoche

*Al filo de medianoche
los ángeles van al Portal;
sus arpas eran doradas,
sus voces fino cristal.*

*Resuena en la noche oscura
el eco de su cantar:
la Paz de Dios con los hombres
de buena voluntad.*

*Pastores marchan tocando,
contentos van al Portal;
sus flautas eran de oro,
fina plata su cantar.*

*Resuena en la noche oscura
el eco de su cantar:
la Paz de Dios con los hombres
de buena voluntad.*

La Virgen venía de Egipto

*La Virgen venía de Egipto,
y se encontró a una gitana
y al Niño le regaló
una bufanda de lana.*

*Ya le llevan al recién nacido
mantillas, pañales, faja y fajetín,
porque vienen los fríos de enero
y el Rey de los Cielos está pobretín.*

*La Virgen y san José
juntos pasaron el río,
y en una cuna de flores
llevan al Niño metido.*

*Ya le llevan al recién nacido
mantillas, pañales, faja y fajetín,
porque vienen los fríos de enero
y el Rey de los Cielos está por vestir.*

Il est né *

(Traducción)

Il est né, le divin Enfant, Ha nacido el Niño Dios
Jouez hautbois resonnez mussetes! Tocad oboes, resonad gaitas
Il est né, le divin Enfant, Ha nacido el Niño Dios
Chantons tous son avènement! Cantemos todos su venida.

Depuis plus de quatre mille ans Desde hace más de cuatro mil años
Nous le promeattient les prophètes, Nos lo prometían los profetas,
Depuis plus de quatre mille ans Desde hace más de cuatro mil años
Nous attendions cet heureux temps. Esperábamos este tiempo dichoso.

Ah! Qu'Il est beau, qu'Il est charmant, ¡Ah! Qué bello es, qué encantador,
Ah! Que ses grâces sont parfaites! ¡Ah! Sus encantos son perfectos
Ah! Qu'Il est beau, qu'Il est charmant, ¡Ah! Qué bello es, qué encantador,
Qu'Il est doux ce divin Enfant! Qué dulce es el Niño Dios.

Ô Jésus, Roi tout puissant, Oh, Jesús, Rey todopoderoso
Si petit Enfant que Vous êtes, Tan pequeño como eres
Ô Jésus, Roi tout puissant, Oh, Jesús, Rey todopoderoso
Régnez sur nous entièrement. Reina sobre nosotros.

(Francia)

Adeste fideles *

Adeste fideles, laeti triumphantes,
venite, venite in Bethlehem.
Natum videte, Regem angelorum.

Venite, adoremus; venite, adoremus,
venite, adoremus Dominum.

En grege relicto, humiles ad cunas,
vocatis pastoris approperant.
Et nos ovanti gradu festinemus.

Venite, adoremus; venite, adoremus,
venite, adoremus Dominum.

Aeterni Patris splendorem aeternum,
velatum sub carne videbimus.
Deum infantem, pannis involutum.

Venite, adoremus; venite, adoremus,
venite, adoremus Dominum.

Pro nobis egenum et fæno cubantem,
piis foveamus amplexibus;
sic nos amatem quis non redamaret?

Venite, adoremus; venite, adoremus,
venite, adoremus Dominum.

(Traducción)

Acudid fieles, alegres triunfantes,
venid, venid a Belén:
ved al nacido Rey de los ángeles

Venid, adoremos; venid, adoremos,
venid, adoremos al Señor.

He aquí que, dejado el rebaño,
los pastores llamados se acercan a la humilde cuna
y nosotros nos apresuramos con paso alegre.

Venid, adoremos; venid, adoremos,
venid, adoremos al Señor.

El esplendor eterno del Padre Eterno
Lo veremos oculto bajo la carne.
Al Dios Niño envuelto en pañales.

Venid, adoremos; venid, adoremos,
venid, adoremos al Señor.

Por nosotros pobre y acostado en la paja
démosle calor con nuestros cariñosos abrazos.
A quien así nos ama, ¿quién no le amará?

Venid, adoremos; venid, adoremos,
venid, adoremos al Señor.

White Christmas

I'm dreaming of a white Christmas
Just like the ones I used to know.
Where the treetops glisten,
And children listen
To hear sleigh bells in the snow.
I'm dreaming of a white Christmas
With every Christmas card I write.
May your days be merry and bright.
And may all your Christmases be white.

(Irving Berlin, Estados Unidos)

(Adaptación al castellano)

Oh, blanca Navidad.
Sueño, y con la nieve alrededor
blanca es mi quimera
y es mensajera de paz
y de puro amor.

Oh, blanca Navidad.
Nieve, un blanco sueño
　y un cantar.
Recordar tu infancia podrás
al llegar la blanca Navidad.

Oh, blanca Navidad.
Sueño, y con la nieve alrededor
blanca es mi quimera
y es mensajera de paz
y de puro amor.

Oh, blanca Navidad.
Nieve, un blanco sueño
　y un cantar.
Recordar tu infancia podrás
al llegar la blanca Navidad.

I SING OF A MAIDEN *

(Traducción)

I sing of a maiden	Canto a una doncella
That is makeles;	que no tiene igual
King of all Kings	que eligió por hijo
To her son she ches.	al Rey de los Reyes.
He came all so still	Él llegó tan quedamente
Ther His mother was,	donde estaba Su madre
As dew in Aprill	como el rocío de abril
That falleth on the gras.	a la hierba.
He came all so still	Él llegó tan quedamente
Ther His mother's bowr,	a las entrañas de su madre
As dew in Aprill	como el rocío de abril
That falleth on the flower.	llega a la flor.
He came all so still	Él llegó tan quedamente
Where His mother lay,	donde Su madre yacía
As dew in Aprill	como el rocío de abril
That falleth on the spray.	llega a la florida rama.
Mother and maiden	Madre y doncella
Was never none but she;	no hubo más que ella.
Well may swich a lady	Bien podrá ser tal dama
Godes mother be.	la Madre de Dios.

(Canción medieval inglesa)

LITTLE DRUMMER BOY

Come they told me, pa rum pum pum pum
A new born King to see, pa rum pum pum pum
Our finest gifts to bring, pa rum pum pum pum
To lay before the King, pa rum pum pum pum
rum pum pum pum, rum pum pum pum.

So to honor Him, pa rum pum pum pum
When we come.

Little Baby, pa rum pum pum pum
I am a poor boy too, pa rum pum pum pum
I have no gift to bring, pa rum pum pum pum
That's fit to give the King, pa rum pum pum pum
rum pum pum pum, rum pum pum pum.

Shall I play for you!, pa rum pum pum pum
On my drum.

Mary Nodded, pa rum pum pum pum
The ox and lamb kept time, pa rum pum pum pum
I played my drum for Him, pa rum pum pum pum
I played my best for Him, pa rum pum pum pum
rum pum pum pum, rum pum pum pum.

Then He smiled at me, pa rum pum pum pum
Me and my drum.

(REINO UNIDO)

(Adaptación al castellano)

El camino que lleva a Belén
baja hasta el valle que la nieve cubrió,
los pastorcillos quieren ver a su Rey,
le traen regalos en su humilde zurrón,
al Redentor, al Redentor.
Ropopompón, ropopompón.

Ha nacido en un Portal de Belén
el Niño Dios.
Ropopompón, ropopompón.

Yo quisiera poner a tus pies
algún presente que te agrade, Señor,
mas Tú ya sabes que soy pobre también
y no poseo más que un viejo tambor.
En tu honor frente al Portal tocaré
con mi tambor.
Ropopompón, ropopompón.

El camino que lleva a Belén
yo voy marcando con mi viejo tambor;
nada mejor hay que yo pueda ofrecer:
su ronco acento es un canto de amor
al Redentor, al Redentor.
Ropopompón, ropopompón.

Cuando Dios me vio tocando ante Él,
me sonrió.
Ropopompón, ropopompón.

Twinkle, Twinkle, little star

(Adaptación al castellano)

Twinkle, twinkle, little star
How I wonder what you are!
Up above the world so high,
Like a diamond in the sky.

When the blazing sun is gone,
When he nothing shines upon,
Then you show your little light,
Twinkle, twinkle, all the night.

Star light,
Star bright,
First star I see tonight,
I wish I may
I wish I might,
Have the wish
I wish tonight.

Campanita del lugar,
suena alegre suena.
No te canses de sonar
que hoy es Nochebuena.

Noche en que Jesús nació
y a la Humanidad salvó.
Campanita del lugar,
Suena alegre, suena.

(Reino Unido)

Away in a manger *

(Traducción)

Away in a manger
No crib for a bed,
The little Lord Jesus
laid down His sweet head.
The stars in the sky
looked down where He lay,
The little Lord Jesus,
asleep on the hay.

En un pesebre como lecho,
sin siquiera una cuna,
el pequeño Señor Jesús apoyaba
su dulce cabeza.
Las estrellas en el cielo miraban
donde Él yacía,
el pequeño Señor Jesús, dormido
en el heno.

The cattle are lowing,
the Baby awakes,
But little Lord Jesus,
no crying He makes;
I love Thee, Lord Jesus,
look down from the sky
And stay by my cradle
till morning is nigh.

El ganado baja,
el Bebé se despierta,
pero el pequeño Señor Jesús
no llora.
Te amo, Señor Jesús,
mírame desde el cielo
y quédate junto a mi cuna
hasta que llegue la mañana.

Be near me, Lord Jesus
I ask Thee to stay
Close by me forever,
and love me, I pray!
Bless all the dear children
in Thy tender care,
And fit us for heaven
to live with Thee there.

Quédate cerca de mí, Señor Jesús,
te pido que te quedes
cerca de mí para siempre,
y ámame te lo ruego.
Bendice a todos los niños
con tu tierno cuidado
y prepáranos para el cielo,
para que vivamos Contigo allí.

(Estados Unidos)

O Tannenbaum *

O Tannenbaum, o Tannenbaum
Wie treu sind deine Blätter!
Du grünst nicht nur zur Sommerzeit,
Nein, auch im Winter, wenn es schneit.
O Tannenbaum, o Tannenbaum
Wie treu sind deine Blätter!

O Tannenbaum, o Tannenbaum
Du kannst mir sehr gefallen.
Wie oft hat nicht zur Weihnachtszeit
Ein Baum von dir mich hoch erfreut.
O Tannenbaum, o Tannenbaum
du kannst mir sehr gefallen.

O Tannenbaum, o Tannenbaum
dein Kleid will mich was lehren:
Die Hoffnung und Beständigkeit
Gibt Trost und Kraft zu aller Zeit.
O Tannenbaum, o Tannenbaum
dein Kleid will mich was lehren.

O Tannenbaum, o Tannenbaum
dein Kleid will mich was lehren:
die Hoffnung und Beständigkeit
gibt Trost und Kraft zu aller Zeit.
O Tannenbaum, o Tannenbaum
dein Kleid will mich was lehren.

(ALEMANIA)

Este villancico muestra cómo se guarda la tradición de culto al árbol de hoja perenne: el otoño con la caída de las hojas de los árboles y la muerte gradual de la Naturaleza era interpretado por los antiguos pueblos del norte de Europa como el principio del fin, fin que se daba en invierno con el

(Traducción)

Oh, abeto, oh, abeto,
¡qué leales son tus hojas!
Estás verde no solo en verano,
ni solo en invierno, cuando nieva.
Oh, abeto, oh, abeto,
¡qué leales son tus hojas!

Oh, abeto, oh, abeto,
¡me gustas tanto!
Cuán a menudo, no solo en Navidad,
un árbol como tú me ha alegrado.
Oh, abeto, oh, abeto
¡me gustas tanto!

Oh, abeto, oh, abeto
Tus ropajes quieren enseñarme algo:
la esperanza y la constancia
dan consuelo y fuerza en todos los tiempos.
Oh, abeto, oh, abeto,
tus ropajes quieren enseñarme algo.

hielo y la nieve, considerados espíritus del mal y responsables de la muerte de árboles y plantas. El abeto era de los pocos árboles que seguía con vida y se convirtió en un símbolo de inmortalidad. Se creía que protegía de los malos espíritus y por eso se empezó a llevar a los hogares.

STILLE NACHT

Stille Nacht! Heil'ge Nacht!
Alles schläft; einsam wacht
Nur das traute heilige Paar.
Holder Knab' im lockigten Haar,
Schlafe in himmlischer Ruh!

Stille Nacht! Heil'ge Nacht!
Gottes Sohn, o wie lacht
Lieb' aus deinem göttlichen Mund,
Da uns schlägt die rettende Stund'.
Jesus in deiner Geburt!

Stille Nacht! Heil'ge Nacht!
Wo sich heut alle Macht
Väterlicher Liebe ergoß,
Und als Bruder huldvoll umschloß
Jesus die Völker der Welt!

Stille Nacht! Heil'ge Nacht!
Lange schon uns bedacht,
Als der Herr vom Grimme befreit
In der Väter urgrauer Zeit
Aller Welt Schonung verhieß!

Stille Nacht! Heil'ge Nacht!
Hirten erst kundgemacht
Durch der Engel Alleluja,
Tönt es laut bei Ferne und Nah:
Jesus der Retter ist da!"

(Joseph Mohr, 1816, Austria)

(Adaptación al castellano)

Noche de Paz, noche de amor,
claro sol brilla ya
y los ángeles cantando están
¡Gloria a Dios, gloria al Rey celestial!
Que ha nacido el Amor,
que ha nacido el Amor.

Noche de Paz, y de solaz,
todo está en silencio ya
velan solo María y José
duerme el Niño y durmiendo se ve
todo el cielo en su faz
todo el cielo en su faz.

Noche de paz, noche de amor,
despertad, que en Belén
de María un rosal floreció,
y el Portal se ilumina en su honor:
adorad al Señor
porque es el Hijo de Dios.

RONDA ESPAÑOLA

Hagamos un corro,
juntemos las manos,
juntemos las voces
en un solo canto,
que las Navidades
se están acercando.

Vengan aquí todos,
al pie del establo.
Vengan extremeños,
manchegos, murcianos,
vascos y gallegos,
junto a los navarros.

Vengan leoneses
con los castellanos.
También madrileños
astures y cántabros,
con los de Aragón
y con los canarios.

Vengan baleares,
vengan valencianos,
y los andaluces
y los riojanos.

Vengan aquí todos
entonando cantos,
que la Nochebuena
está ya llegando.

Bailemos alegres
las danzas de España:
Bailemos unidos
jotas y sardanas,
muñeiras, boleros
y las sevillanas,
verdiales e isas,
y la espatadanza.

Que suenen con fuerza,
en calles y plazas,
gaitillas, tambores,
panderos, guitarras,
chistus y zambombas,
palillos, dulzainas…
¡Suenen villancicos!
¡Al aire campanas!,
que hoy es Nochebuena,
Navidad, mañana.

Andalucía

Ay del chiquirritín *

Ay del chiquirritín
Ay del chiquirritín.
chiquirriquitín,
metidito entre pajas,
ay del chiquirritín,
chiquirriquitín,
queridín, queridito del alma.

Entre un buey y una mula,
Dios ha nacido,
y en un pobre pesebre
le han recogido.

Ay del chiquirritín.
chiquirriquitín,
metidito entre pajas,
ay del chiquirritín,
chiquirriquitín,
queridín, queridito del alma.

Por debajo del arco
del Portalito,
se descubre a María,
José y al Niño.

Ay del chiquirritín.
chiquirriquitín,
metidito entre pajas,
ay del chiquirritín,
chiquirriquitín,
queridín, queridito del ama.

No me hagas pucheritos,
Niño querido,
que en alma me pesa
haberte ofendido.

Ay del chiquirritín.
chiquirriquitín,
metidito entre pajas,
ay del chiquirritín,
chiquirriquitín,
queridín, queridito del ama.

La Virgen venía de Egipto

Señora doña María,
yo vengo de la montaña
y he de ver el Nacimiento
antes de que llegue el alba,
y he de ver el Nacimiento
antes de que llegue el alba.

Ya viene el día,
ya amaneció,
los gallos cantan,
Cristo nació,
los gallos cantan,
Cristo nació.

Señora doña María,
yo le traigo un regalito,
unos pañales de seda
"pá" que envuelva a su Niñito,
unos pañales de seda
"pá" que envuelva a su Niñito.

Ya viene el día,
ya amaneció,
los gallos cantan,
Cristo nació,
los gallos cantan,
Cristo nació.

De ajuar, una gorrita
le traigo, doña María,
y "pá" alimento del Niño,
una vaquita "paría",
y "pá" alimento del Niño,
una vaquita "paría".

Ya viene el día,
ya amaneció,
los gallos cantan,
Cristo nació,
los gallos cantan,
Cristo nació.

Los campanilleros *

En la noche de la Nochebuena,
bajo las estrellas, por la "madrugá",
los pastores con sus campanillas
adoran al Niño que ha nacido ya.

Y con devoción,
van tocando zambombas, panderos,
cantando sus coplas al Niño de Dios.

Y con devoción,
van tocando zambombas, panderos,
cantando sus coplas al Niño de Dios.

Aragón

Tan, tan *

Tan, tan
van por el desierto,
Tan, tan,
Melchor y Gaspar,
Tan, tan,
les sigue un negrito
que todos le llaman
el rey Baltasar.

Tan, tan,
vieron una estrella,
Tan, tan,
la vieron brillar,
Tan, tan,
tan pura y tan bella,
que todos la siguen
a ver dónde va.

Tan, tan,
se cansa el camello,
Tan, tan,
se cansa de andar,
Tan, tan,
que está cargadito
de incienso y de mirra;
¿para quién será?

Tan, tan,
llegan a una cueva,
Tan, tan,
¿quién vivirá allá?,
Tan, tan,
los tres Reyes Magos,
incienso, oro y mirra,
le van a llevar.

Coplicas del Sagrado Nacimiento *

Atención a mis coplicas,
porque voy, con gran contento,
a cantar las alabanzas
del Sagrado Nacimiento,
del Sagrado Nacimiento.

A caballo de un jumento,
la Virgen a Belén marcha,
y san José va delante
pisando nieve y escarcha,
pisando nieve y escarcha.

Asturias

Alsa, Bayona *

*Alsa, Bayona,
solen de pitiño,
alsa, Bayona,
que en Belén
nació un Niño.*

*Los pastores en Belén
todos van a cortar leña
para calentar al Niño,
que ha nacido en Nochebuena.*

*Alsa, Bayona,
solen de pitiño,
alsa, Bayona,
que en Belén
nació un Niño.*

*Los pastores en Belén
tocan gaitas y tambores,
para que no llore el Niño
que nació entre resplandores.*

*Alsa, Bayona,
solen de pitiño,
alsa, Bayona,
que en Belén
nació un Niño.*

*Los pastores de Belén
daban saltos de contentos
al ver que los angelitos
tocaban sus instrumentos.*

*Alsa, Bayona,
solen de pitiño,
alsa, Bayona,
que en Belén
nació un Niño.*

VOY A CANTAR

Voy a cantar la Nochebuena,
voy a cantar la Navidad,
voy a cantar al Niñín Santu,
que a las doce nacerá.

Dai, rapaz, al panderu;
dai fuerte, dai bien.
¡Alegrailu, que llora
de frío en Belén!
¡Alegrailu, que llora
de frío en Belén!

Voy cantar Sancta María,
voy a Sant José cantar,
voy seguir a los pastores,
y cantar en el Portal.

Dai, rapaz, al panderu;
dai fuerte, dai bien.
¡Alegrailu, que llora
de frío en Belén!
¡Alegrailu, que llora
de frío en Belén!

Voy cantar los Santos Reyes,
que ficieron gran andar
por dir tras la blanca estrella
y al Niñín-Dios adorar.

Dai, rapaz, al panderu;
dai fuerte, dai bien.
¡Alegrailu, que llora
de frío en Belén!
¡Alegrailu, que llora
de frío en Belén!

Baleares

Hi ha neu a la muntanya *

(Traducción)

Hi ha neu a la muntanya	Hay nieve en la montaña
I a la Terra molt de fred;	y en la Tierra hace mucho frío;
Tremolan damunt les palles	temblando sobre las pajas
Allà està el Bon Jesuset.	allá está el Buen Jesús.
Ningú es cansa de mirar-lo,	Nadie se cansa de mirarlo:
Tan petit, tan agradós;	es tan pequeño, tan lindo…
Té grassones les manetes,	tiene las manos regordetas,
Els ulls vius i el cabell ros.	los ojos vivos y el pelo rubio.
Té una rosa en cada galta	Tiene una rosa en cada mejilla
I per boca té un clavell	y por boca tiene un clavel.
I del sol la llum tan viva	Y ni la luz viva del Sol
No és tan resplendent com Ell.	es tan resplandeciente como Él.
I tremola entre palletes,	Y tiembla entre las pajas,
Que fa fred i l'aire és viu;	que hace frío y sopla el aire.
Li canta un estol d'àngels,	Le canta un grupo de ángeles,
Ell s'adorm mentre somriu.	Él se duerme sonriendo.

Toca es timbal

(Traducción)

Toca es timbal, toca Pasqual,
toca matines, toca-les fines.
Tot són festes d'alegria
en les pasqües de Nadal.
Tot són festes d'alegria
en les pasqües de Nadal.

Els pastors que estan defora
Josep deixam-los entrar
perquè vénen a adorar
a Jesús nat en la cova,
a Jesús nat en la cova.

Toca el tambor, toca Pascual,
toca maitines, tócalos finos.
Todo son fiestas de alegría
en las pascuas de Navidad.
Todo son fiestas de alegría
en las pascuas de Navidad.

A los pastores que están fuera,
José, déjalos entrar
porque vienen a adorar
a Jesús nacido en la cueva,
a Jesús nacido en la cueva.

Deixem lo dol *

(Traducción)

En aquesta casa honrada En esta casa honrada
Ja hi comença a sortir fum; ya empieza a salir humo;
Ja podeu encendre es llum, ya podéis encender la luz
Per donar-nos sa panada. para darnos el pan.

Deixem lo dol, Dejemos el duelo,
Cantar amb alegria cantemos con alegría
I anirem a dar les pascos a Maria, y vayamos a dar las pascuas a María.
Deixem lo dol. Dejemos el duelo.

Canarias

A Belén, pastorcitos

*A Belén, pastorcitos,
a ver al Rey de Reyes,
ese Niño divino
que ha nacido en un pesebre.*

*Es tan precioso,
tan lindo y tan bello
y tan hermoso
como un lucero.*

*Como a todos los niños,
le gusta sentir panderos;
yo salí, compré uno,
vine corriendo a traerlo.*

*Es tan precioso,
tan lindo y tan bello
y tan hermoso
como un lucero.*

Esta noche nace el Niño *

Esta noche nace el Niño
entre la paja y el hielo,
ta-ra-ra-ra-ra-ra-ran,
ta-ra-ra-ra-ra-ra-lan,
lan-lara-ra-lan-lan-lan.
Quién pudiera Niño hermoso
vestirte de terciopelo,
ta-ra-ra-ra-ra-ra-ran,
ta-ra-ra-ra-ra-ra-lan,
ta-ra-ra-ra-lan-lan-lan.
Su madre en la cuna
durmiéndole está
quiere dormirle
con dulce cantar
larán-la-la-la-la-larán
la-la-la-la-la-la-la
la-la-larán-la-la-la.

Cantabria

El carmoniego

Pastorcillo que vives en la montaña,
con tus rebaños vagas por la collada.
En el cielo una estrella dice temprana
que nació el Rey de reyes en la montaña.

De lejanos rincones, muy de mañana,
vienen mozos y mozas a la collada.
Le traen ricos presentes a nuestro Niño.
Que naciera en Carmona Dios lo ha querido.

Con tu pañuelo blanco, Manuel querido,
haremos los pañales a nuestro Niño.
Haremos los pañales a nuestro Niño,
con tu pañuelo blanco, Manuel querido.

Aquí crecerá el Niño
más guapo que en Belén;
los aires de Carmona
le sentarán muy bien.

Torta y leche, leche y pan,
din, din, dan.
Torta y leche, leche y pan,
din, din, dan.
Torta y leche, leche y pan.

Carmoniego es el Niño, que aquí nació;
carmonziego es el Niño, el Niño Dios.
Los pastores le cantan al Redentor.
Que naciera en Carmona lo quiso Dios.

Torta y leche, leche y pan...

Cantemos, pastores *

*Cantemos, pastores,
con santo placer,
que el sol de los soles
hoy luce en Belén,
que el sol de los soles
hoy luce en Belén.*

*Ay, qué bello
qué gracioso,
qué tierno mirar;
sus ojitos se le entornan,
sí, sí, sí,
yo le quiero arrullar, arrullar.*

Castilla-La Mancha

Con seda verde *

Seguidilla manchega

La Virgen va caminando
Ale pún catapún
por las puertas de Belén
Ale pún catapún
Como se pone muy mala
se lo dice a san José.
Como se pone muy mala
se lo dice a san José.
Ale pún catapún
Ale pún catapún
No te asustes dulce esposa
Ale pún catapún
que nada malo ha de ser:
Ale pún catapún
Es el señor que te anuncia
que su hijo va a nacer.
Ale pún catapún
San José es carpintero,
la Virgen teje,
y el Niño hace madejas
con seda verde.
Pero como este juego
le está cansando
está haciendo pucheros,
está llorando.
Y yo que soy manchega
vengo a cantarle
seguidillas manchegas
para adorarle.
Los pastores no son hombres,
Ale pún catapún
son angelitos del cielo
Ale pún catapún
porque al Niño de Belén
adoraron los primeros,
porque al Niño de Belén
adoraron los primeros.
Ale pún catapún
Ale pún catapún
Uno le dio su zamarra,
Ale pún catapún
otro le dio de su pan
Ale pún catapún
y otro le dio su cariño
porque no tenía más.
y otro le dio su cariño
porque no tenía más.
Ale pún catapún
Ale pún catapún.
San José es carpintero,
la Virgen teje,
y el Niño hace madejas
con seda verde.
Pero como este juego
le está cansando
está haciendo pucheros,
está llorando.
Y yo que soy manchega
vengo a cantarle
seguidillas manchegas
para adorarle.
San José es carpintero,
la Virgen teje,
y el Niño hace madejas
con seda verde.

Una mulita y un buey

Una mulita y un buey
dan calor al Niño Rey.
Que le pla, pla, pla,
que le ce, ce, ce,
que le pla, que le ce,
que le place al Niño
recibir cariño.

A sus padres les diré
si me quieren aceptar,
que le voy a regalar
una blu, blu, blu,
una sa, sa, sa,
una blu, una sa,
una blusa rosa
linda y primorosa.

Para cuando sea mayor,
cucharita y tenedor,
que de pla, pla, pla,
que de ta, ta, ta,
que de pla, que de ta,
que de plata y oro
para ti, tesoro.

Ardía la zarza *

*La Virgen lava pañales
y los tiende en el romero,
y los pajaritos cantan,
y el agua se va riendo,
y el agua se va riendo.*

*Ardía la zarza,
y la zarza ardía,
y no se quemaba
la Virgen María,
y no se quemaba
la Virgen María.
Ardía la zarza,
y ardía el tomillo,
y no se quemaban
san José y el Niño,
y no se quemaban
san José y el Niño.*

Castilla y León

OFRECIMIENTOS

Una manzana bella,
Niño, aquí tienes,
que por una manzana
sé yo que vienes,
y no te extrañes
que por ella te veas
en este lance.

¡Ay que eres lindo!
¡Ay que eres bello!,
tan de mi gusto,
tan de mi afecto.

Nueces, con gran silencio,
Niño, aquí tienes
porque no sea el ruido
más que las nueces.
Cascarlas quiero;
y si el Niño no puede,
yo soy para ello.

¡Ay que eres lindo!
¡Ay que eres bello!,
tan de mi gusto,
tan de mi afecto.

De avellanas un puño
traigo a tu gracia,
por ser hijo de un ave
de gracia llena.

¡Ay que eres lindo!
¡Ay que eres bello!,
tan de mi gusto,
tan de mi afecto.

Toma pasas, mi Niño,
pues tal me amas,
que aunque yo borrón* sea,
por todo pasas.
Fresas te agraden,
de cuyo fruto el jugo
sea tu sangre.

¡Ay que eres lindo!
¡Ay que eres bello!,
tan de mi gusto,
tan de mi afecto.

---

* *Indigno*, cosa insignificante.

Junto al Reino de Judea

*En el portal de Belén,
junto al Reino de Judea,
están la Virgen y el Niño
y les alumbra una estrella.*

*El Santo José le dice:
—¿Qué haces ahí, Virgen bella?
—Triste al ver al Hijo mío
metido en tanta pobreza.*

*Entre las ocho y las nueve,
vieron unos resplandores,
y san José cuidadoso
pidió lumbre a los pastores.*

*Entrad, pastorcitos,
entrad en Belén,
mirad que ha nacido
el más Santo Rey.*

*Entrad y decidle,
postrados a Él,
Santo, Santo, Santo es.
Santa María Virgen es.*

*Esta noche los pastores
se han quedado en el aprisco
tocando las castañuelas
y haciendo fiestas al Niño.*

*Entrad, pastorcitos,
entrad en Belén,
mirad que ha nacido
el más Santo Rey.*

*Entrad y decidle,
postrados a Él,
Santo, Santo, Santo es.
Santa María Virgen es.*

En el portal de Belén *

*En el portal de Belén
hacen lumbre los pastores
para calentar al Niño
que ha nacido entre las flores.*

*Gloria, gloria
en el bien nacido.
Vaya, vaya otro villancico.*

*En el portal de Belén
en invierno es primavera,
que el Mesías esperado
en Jesús baja a la Tierra.*

*Gloria, gloria
en el bien nacido.
Vaya, vaya otro villancico.*

*En el portal de Belén
hay estrellas, sol y luna,
la Virgen y san José
y el Niño que está en la cuna.*

*Gloria, gloria
en el bien nacido.
Vaya, vaya otro villancico.*

La Virgen es panadera *

La Virgen es panadera
y el Niño le pide pan,
y el bendito san José
se lo da con humildad.

Brincan y bailan
los peces en el río,
brincan y bailan
por ver a Dios nacido.
Brincan y bailan
los peces en el agua,
brincan y bailan
de ver nacida el alba.

A esto de la medianoche
ha aparecido una estrella:
el Mesías esperado
ha venido ya a la Tierra.

Brincan y bailan
los peces en el río,
brincan y bailan
por ver a Dios nacido.
Brincan y bailan
los peces en el agua,
brincan y bailan
de ver nacida el alba.

Cataluña

Nit de vetlla *

(Traducción)

Eixa nit és nit de vetlla,
Ha nascut d'una donzella
La miren i fa sol,
Ha nascut d'una donzella
La Kyrie eleison.

Els pastors el van a veure,
Al coll porten una ovella
La miren i fa sol
Al coll porten una ovella
La Kyrie eleison.

I en el braç una cistella
Plena de fruita novella,
La miren i fa sol,
Plena de fruita novella,
La Kyrie eleison.

Esta noche es noche de vela:
ha nacido de una doncella,
la miran y hace sol,
ha nacido de una doncella
Kyrie eleison.

Los pastores lo van a ver,
al cuello llevan una oveja,
la miran y hace sol,
al cuello llevan una oveja,
Kyrie eleison.

Y en el brazo una cesta
llena de fruta fresca,
la miran y hace sol,
llena de fruta fresca,
Kyrie eleison.

Nota: Kyrie eleison significa "Señor, ten piedad de nosotros". Este texto no tiene nada que ver con la Navidad pero debió añadirse porque rima con los demás versos.

El Rabadà

—A Betlem me'n vull anar;
vols venir tu rabadà?
—Vull esmorzar!
—A Betlem esmorzarem
i Jesús adorarem.
—Massa hi ha neu!
—La neu que pel camí hi ha,
la calor ja la fondrà.
—Oh, i la que fa!
—Aixeca't, hissa, fes foc,
no vagis a poc a poc!
—No trobo els esclops!
—Tu les teies encendràs
i el camí il·luminaràs.
—No ho faré pas!
—També crec que hi va el padrí;
vols venir o no vols venir?
—Calla i deixa'm dormir.
—El Joan amb la samarra
portarà una botifarra.
—Ai, el panarra!
—La samarra portaràs
i de neules l'ompliràs.
—No ho faré pas!

—Si tu, de neules, no en vols,
ja l'ompliràs de torrons.
—No em saben bons!
—Al punt de la mitjanit
el sol resplendent ha eixit.
—Qui t'ho ha dit?
—Un àngel que va volant
pel cel ho va publicant.
—No serà tant!
—Jo li vull portar un banquet
perquè segui sant Josep.
—Que estigui dret!
—Cantaràs una cançó
al més bonic Infantó.
—Això sí que no!
—Mira que és Redemptor;
oferim-li nostre cor.
—Amb tot amor!
—Anem; mira, rabadà,
no em facis pas enfadar.
—No vull cantar!
—Mira que et despatxaré
si no portes un corder.
—Ja me'n 'niré.

Nota: Este es uno de los pocos villancicos dialogados del cancionero en lengua catalana. Las respuestas del pastorcillo no son musicales y divierten mucho a los niños por su espontaneidad. Es curioso que, aunque es muy popular, existen pocas variantes.

(Traducción)

—A Belén quiero ir,
¿quieres venir, tú, pastorcillo?
—¡Quiero desayunar!
—En Belén desayunaremos
y a Jesús adoraremos
—¡Pero hay nieve!
—La nieve que hay por el camino
  el calor la fundirá
—¡No hace calor!
—Espabila, anda,
  enciende el fuego,
no vayas tan despacio.
—¡No encuentro los zuecos!
—Encenderás las teas
  y el camino iluminarás.
—¡No lo haré!
—También creo que va el padrino
¿quieres o no quieres venir?
—Calla y déjame dormir
—Joan con la zamarra
  llevará una butifarra.
—¡Ay, el glotón!
—La zamarra llevarás
y de barquillos la llenarás.
—No lo haré.

—Si no quieres barquillos
la llenarás de turrones.
—No me gustan.
—A medianoche
salió el sol resplandeciente.
—¿Quién te lo ha dicho?
—Un ángel que por el cielo
  va volando lo va publicando.
—Ya será menos.
—Yo quiero llevar una banqueta
para que san José se siente.
—¡Que esté de pie!
—Cantarás una canción
  al Niño más hermoso.
—¡Eso sí que no!
—Mira que es el Redentor:
ofrezcámosle nuestro corazón.
—¡Con todo el amor!
—Vamos, pastorcillo,
no me hagas enfadar.
—¡No quiero cantar!
—Mira que te despediré
si no llevas un cordero.
—¡Pues adiós!

[101]

Nota: Este villancico y el siguiente son muy populares en Cataluña, pero no hay que confundir *El petit vailet* —del que existe una versión libre en castellano muy popular (*El gran rabadán*)— con *El rabadá* —del que se ha hecho una traducción al castellano para esta edición.

El petit vailet

Jo soc el petit vailet,
cansat estic del camí
he vingut amb mon gaiatet
per veure l'Infant diví.

*Xerrampim, xerrampim, xerrampia,
xerrampim, xerrampim, xerrampó,
xerrampim que Josep i Maria
tenen un petit minyó.*

Jo porto una carmanyola
que se'n sobreïx el vi blanc
i una bona llonganissa
per Jesús el meu company.

*Xerrampim, xerrampim, xerrampia,
xerrampim, xerrampim, xerrampó,
xerrampim que Josep i Maria
tenen un petit minyó.*

Duc una altra carbasseta
replena de xerigot
Que abans de sortir de casa
ja me n'he fet un escot.

*Xerrampim, xerrampim, xerrampia,
xerrampim, xerrampim, xerrampó,
xerrampim que Josep i Maria
tenen un petit minyó.*

Encara em reca el formatge
que pel camí m'he menjat
i el dolç pa de moresc
que us hauria portat.

*Xerrampim, xerrampim, xerrampia,
xerrampim, xerrampim, xerrampó,
xerrampim que Josep i Maria
tenen un petit minyó.*

Si portava més recapte
tot seria per a vós,
heus aquí el meu gaiato,
que és de cirerer d'arboç.

*Xerrampim, xerrampim, xerrampia,
xerrampim, xerrampim, xerrampó,
xerrampim que Josep i Maria
tenen un petit minyó.*

Aquí us dono unes calces
que me les va dar l'hereu,
encara que siguin velles
són fetes de gros piteu.

*Xerrampim, xerrampim, xerrampia,
xerrampim, xerrampim, xerrampó,
xerrampim que Josep i Maria
tenen un petit minyó.*

(Adaptación al castellano)

Yo soy el gran rabadán,
cansadito ya de andar,
que guiado por mi fe
a Jesús vengo a adorar.

También llevo estos calzones,
que mi hermano os quiere dar,
son de lana muy caliente,
la mejor de mi lugar.

Parrampín, parrampín, parrampía,
parrampín, parrampín, parrampán,
parrampín, con José y María,
hay un Niño en el portal.

Parrampín, parrampín, parrampía,
parrampín, parrampín, parrampán,
parrampín, con José y María,
hay un Niño en el portal.

Aquí va mi calabaza
acabada de llenar
y esta larga longaniza
que os será de buen gustar.

Parrampín, parrampín, parrampía,
parrampín, parrampín, parrampán,
parrampín, con José y María,
hay un Niño en el portal.

Nota: Se ha conservado la adaptación al castellano.

El cant dels ocells

Al veure despuntar
el major illuminar
en la nit més ditxosa,
els ocellets cantant
a festejar-lo van
amb sa veu melindrosa.

L'àliga imperial
va pels aires volant,
cantant amb melodia,
dient: —Jesús és nat
per treure'ns del pecat
i dar-nos alegria.

Li respon el pardal:
—Esta nit és Nadal,
és nit de gran contento.
El verdum i el lluer
diuen cantant també:
—Oh, quina alegria sento.

Cantava el passarell:
—Que formós i que bell!
és l'Infant de Maria!
I alegre diu el tord:
—Vençuda n'és la mort,
ja neix la vida mia.

Cantava el rossinyol:
—Formós és com un sol,
brillant com una estrella.
La cotxa i el bitxac
festegen el manyac
i a sa Mare donzella.

Cantava el francolí:
—Ocells, qui vol venir
a fer-ne melodia
i a veure el gran Senyor
amb son gran resplendor
dintre d'una establia?

Cantava la puput:
—Esta nit ha vingut
el Rei de cels i terra.
La tórtora i colom
admiren a tothom
cantant sense tristesa.

La garsa, griva i gaig
diuen: —Ja arriba el maig.
Respon la cadernera:
—Tot arbre reverdeix,
tota planta floreix
com si fos primavera.

Cantava aixi el pinsà:
—Glòria avui, festa demà;
sento gran alegria
de veure el diamant
tan formós i brillant
als braços de Maria.

El xot i el vell mussol,
en veure sortir el sol,
confusos es retiren.
El gamarús i el duc
diuen: —Mirar no puc:
les resplendors m'admiren.

(Traducción)

Al ver despuntar
la mayor luminaria
en la noche más dichosa,
los pajaritos cantando
a festejarlo van
con su voz melodiosa.

El águila imperial
vuela por el cielo
cantando con melodía,
diciendo: —Jesús ha nacido
para librarnos del pecado
y darnos alegría.

Le responde el gorrión:
—Esta noche es Navidad,
es noche de gran contento.
El verderón y el lugano
  cantan también:
—¡Oh, qué alegría siento!

Cantaba el pardillo:
—¡Qué hermoso y qué bello
es el Niño de María!
Y alegre dice el tordo:
—Vencida está la muerte,
ya nace la vida mía.

Cantaba el ruiseñor:
—Hermoso es como un sol,
brillante como una estrella.
El colirrojo y la tarabilla
festejan al Hijito
y a su Madre doncella.

Cantaba el francolín:
—Pájaros, ¿quién quiere venir
a hacer una melodía
y a ver al gran Señor
con su gran resplandor
dentro de un establo?

Cantaba la abubilla:
—Esta noche ha venido
el Rey de cielos y tierra.
La tórtola y la paloma
admiran a todo el mundo
cantando sin tristeza.

La urraca, el cagaaceite y el arrendajo
dicen: —Ya llega mayo.
Responde el jilguero:
—Todos los árboles reverdecen,
todas las plantas florecen
como si fuera primavera.

Cantaba así el pinzón:
—Gloria hoy, fiesta mañana;
siento gran alegría
al ver el diamante,
tan hermoso y brillante,
en los brazos de María.

El autillo y el viejo búho,
al ver salir el sol,
confusos se retiran.
El cárabo y el búho real
dicen: —Mirar no puedo:
los resplandores me admiran.

A VINT-I-CINC DE DESEMBRE

(Adaptación al castellano)

A vint-i-cinc de desembre,
fum, fum, fum
ha nascut un Minyonet
ros i blanquet,
ros i blanquet,
Fill de la Verge Maria,
N'és nat en una establia,
fum, fum, fum.

Allí dalt de la muntanya
si n'hi ha dos pastorets,
abrigadets, abrigadets,
amb la pell i la samarra
menjant ous i botifarra.

—Qui en dirà més gran mentida?
Ja en respon el majoral
el gran tabal, el gran tabal:
—Jo en faré deu mil camades
amb un salt totes plegades.

A vint-i-cinc de desembre,
n'és el dia de Nadal,
molt principal, molt principal,
quan n'eixirem de matines,
farem bones escudines.
Déu vos dó unes santes festes
amb temps de fred i calor,
i molt millor i molt millor
fent-ne de Jesús memòria,
perquè ens vulgui dalt la glòria.

Veinticinco de diciembre,
fun, fun, fun.
Veinticinco de diciembre,
fun, fun, fun,
un niñito muy bonito
ha nacido en un portal,
con su carita de rosa
parece una flor hermosa,
fun, fun, fun.

Venid, venid, pastorcitos,
fun, fun, fun.
Venid, venid, pastorcitos,
fun, fun, fun,
venid con las panderetas,
castañuelas al Portal,
a adorar al Rey del Cielo
que ha aparecido en el suelo,
fun, fun, fun.

Desde el Cielo están mirando,
fun, fun, fun,
a la Tierra rutilante
que deslumbra con su luz,
y al amor del firmamento
celebrando el nacimiento de Jesús.
A la Tierra rutilante
que deslumbra con su luz,
y al amor del firmamento
celebrando el nacimiento de Jesús.

Comunidad Valenciana

De goig y alegria

(Traducción)

De goig i alegria,
xiquetes, "canteu"
al Fill de Maria,
nascut a Betlem.

Si sa Mare vol
doneu–li un beset;
més guapo que un sol
es el Jesuset.
Si sa Mare vol
doneu–li un beset,
més guapo que un sol
es el Jesuset.

Senyora Maria, jo "estich"
"emprendá" de eixe xiquet vostre,
que el cor ma robat.
Voldría besarlo
si en diguen que sí,
y ay qué "goig" que tinc,
no cap dins del tinc,
no cap dins del pit;
ay, qué goig que tinc,
no "cab" dins del pit.

De gozo y alegría,
mozas, cantad,
al Hijo de María,
nacido en Belén.

Si su Madre quiere
dadle un besito;
más guapo que un sol
es Jesusito.
Si su Madre quiere
dadle un besito;
más guapo que un sol
es Jesusito.

Señora María, estoy prendado
de ese niño suyo
que el corazón me ha robado.
Querría besarlo,
si me dice que sí,
ay, qué alegría que tengo,
no quepo dentro de mí,
no quepo dentro de mí,
ay, qué alegría que tengo,
no quepo dentro de mí.

SALID, SALID, PASTORES

(Traducción)

Salid, salid, pastores,
salid, salid a bailar,
que el Redentor del Mundo
dicen que ha nacido ya.

Jo pense portar-li	Yo pienso llevar
al bon Jesuset	al buen Jesusito
unes sabatetes	unos zapatitos
que està descalcet.	que está descalcito.
Saltem i brinquem,	Saltemos y brinquemos,
a Betlem aniren	a Belén iremos
ia allí en el pesebre	y allí en el pesebre
tots l'adorarem.	todos le adoraremos.

Nyo Maria *

(Traducción)

Nyo Maria, Nyo Maria
traga-nos un pastisset
Que hui és dia de Nadal
I ha nascut el Jesuset.

Doña María, doña María,
tráiganos un pastelito,
que hoy es el día de Navidad
y ha nacido Jesusito.

Aquell Jesuset de perles
Que estava en el pessebret
De vore el que tots li duen
Estava molt contentet.

Aquel Jesusito de perlas
que estaba en el pesebrito
de ver lo que todos le daban
estaba muy contentito.

L'un li porta una cabreta
L'altre li du un borreguet
Amb les potetes rogetes
I en la boca un clavellet.

Uno le trae una cabrita
otro le trae un borreguito
con las patitas rojas
y en la boca un clavelito.

Nota: Aunque el diminutivo en castellano resulta aquí un poco forzado, se ha mantenido para conservar la rima que tiene la canción original.

Nana, naneta

(Traducción)

Nana, naneta, / Nana, nanita,
naneta, nana, / nanita, nana,
perquè el fill ja dorga / para que el hijo duerma
la mare canta. / la madre canta.

Fill de la meua vida, / Hijo de mi vida,
quan els ulls tanques / cuando los ojos cierres
dos palometes negres / dos palomitas negras
pleguen les ales. / sus alas cierren.

Hasta que a la llum volen / Hasta que hacia la luz vuelen
dorm i ensomia; / duerme y sueña;
i de color de rosa / y de color de rosa
el somni siga. / el sueño sea.

Pastorets de la muntanya *

(Traducción)

Pastorets de la muntanya	Pastorcillos de la montaña
Que viviu amb gran recel,	que vivís con gran temor
Amb gran recel:	con gran temor:
Desperteu, veniu de pressa	despertad, venid deprisa,
Que ja és nat el Rei del Cel.	que ya ha nacido el Rey del Cielo.
Cap a mig dia canta i refila	A mediodía canta y trina.
Toca Pasqual repica el timbal.	Toca Pascual, repica el tambor,
Rampataplam, rampataplam.	rampataplán, rampataplán,
Que són festes de alegria	que son fiestas de alegría,
Pasqües santes de Nadal.	Pascuas santas de Navidad.
Ai, Pasqual no t'enfadis	Ay, Pascual, no te enfades
Que soc un àngel del cel	que soy un ángel del cielo
Que he vingut a anunciar-vos	que he venido a anunciaros
Que ja és nat el Rei del Cel.	que ha nacido el Rey del Cielo.
Cap a mig dia canta i refila	A mediodía canta y trina.
Toca Pasqual repica el timbal.	Toca Pascual, repica el tambor,
Rampataplam, rampataplam.	rampataplán, rampataplán,
Que són festes de alegria	que son fiestas de alegría,
Pasqües santes de Nadal.	Pascuas santas de Navidad.

Extremadura

La Virgen fue lavandera *

*La Virgen bajó a lavar
sus blancas manos al río.
El sol se quedó eclipsado,
la luna se ha oscurecido.
Ríete, niño, no llores más,
que a mí me aflige verte llorar.
Ay, sí, sí, sí, ay, el verte llorar.*

*San José tiende la ropa
sobre el romero florido
y las flores se sonríen
de la suerte que han tenido.*

*Ríete, niño, no llores más,
que a mí me aflige verte llorar.
Ay, sí, sí, sí, ay, el verte llorar.*

La Virgen y san José *

*La Virgen y san José
juntos pasaron el río
y en una cuna de flores
llevan al Niño metido.*

*Ya le llevan al recién nacido
mantilla, pañales, faja y fajetín,
porque vienen los fríos de enero
y el Rey de los cielos está pobretín.*

Villancico mañegu

En o ceu hai alegría
y en la tierra muta mai,
porque ha nacíu Jesús
u Rei de a umaniai.

A Belén, a Belén pastoritus,
a Belén a ver a nosu Rei,
rebullau entre pañais
en as pallas o veréis.

A Virgin mira sei fillu
con alegría y amor,
y nosotru se ofrecemus
o nosu probi corazón.

A Belén, a Belén pastoritus,
a Belén a ver a nosu Rei,
rebullau entre pañais
en as pallas o veréis.

O benditu San José
está mu retecontentu
por ver a suas alajas
que la dau o Pari Eternu.

A Belén, a Belén pastoritus,
a Belén a ver a nosu Rei,
rebullau entre pañais
en as pallas o veréis.

La serrana de la sierra

La serrana de la sierra
y la gitana de Egipto
caminan hacia Belén
a ver al Niño chiquito

Toque, toque el tamboril
y la flauta.

Cuando llegan al Portal
—¡oh, qué Niño tan bonito!—,
los pastores y pastoras
besan al recién nacido.

Toque, toque el tamboril
y la flauta.

La serrana mira al Niño,
la gitana empieza un canto,
y las dos al mismo tiempo
de Jesús secan el llanto.

Toque, toque el tamboril
y la flauta.

Galicia

RULIÑO, RULIÑO...

(Traducción)

Os anxiños da gloria
cantan cousas de agrular,
os paxariños da terra,
cousas de moito pensar.

Falade ben baixo,
petade pouquiño
porque non esperte
o noso ruliño, ruliño, ruliño...

Los angelitos de la gloria
cantan cosas de agradar.
Los pajaritos de la tierra,
cosas de mucho pensar.

Hablad muy bajito,
golpead despacito,
para que no despierte,
nuestro tortolito, tortolito, tortolito.

A Belén vinde, pastores *

(Traducción)

A Belén vinde, pastores
que alí naceu un meniño
que estaba tremendo,
tremendo de frío.
E o pobriño chorando está
e ninguén corre para quentalo
só un boiciño cova lle fai.
Quentaba o neno
sen descansar.

Por entre as silveiras
cantan alegres os paxariños
anunciando a todos
con grande esplendor
que nace un neno
excelencia dos meniños
que vén a ser fillo do Noso Señor
que vén a ser fillo do Noso Señor

A Belén venid, pastores
que allí nació un niñito
que estaba tiritando
tiritando de frío.
Y el pobrecito llorando está
y nadie corre a calentarlo.
Solo un buey lecho le hace:
calentaba al niño
sin descansar.

Por entre las zarzas
cantan alegres los pajaritos
anunciando a todos
con gran esplendor
que nace un niño,
excelencia de los niños
que es el hijo de Nuestro Señor,
que es el hijo de Nuestro Señor.

Vinde, picariñas *

(Traducción)

Vinde, picariñas,
correde escoitar,
antes de que o galo
comece a cantar.

Hoxe, pomba,
flor de Xericó,
pariu nas pallas,
o Meniño Deus,
pariu nas pallas,
o Meniño Deus.

Venid, niñas,
corred a escuchar,
antes de que el gallo
comience a cantar.

Hoy, paloma,
flor de Jericó,
parió en las pajas
al Niño Dios,
parió en las pajas
al Niño Dios.

Madrid

La marimorena

Esta noche es Nochebuena
y no es noche de dormir,
que está la Virgen de parto
y a las doce ha de parir.

Ande, ande, ande,
la marimorena,
ande, ande, ande,
que es la Nochebuena.

En el Portal de Belén
hay estrellas, sol y luna,
la Virgen y san José
y el Niño que está en la cuna.

Ande, ande, ande,
la marimorena,
ande, ande, ande,
que es la Nochebuena.

En el Portal de Belén
han entrado los ratones,
y al pobre de san José
le han roído los calzones.

Ande, ande, ande,
la marimorena,
ande, ande, ande,
que es la Nochebuena.

Todos le llevan al Niño,
yo no tengo qué llevarle;
de mi corazón las alas
le servirán de pañales.

Ande, ande, ande,
la marimorena,
ande, ande, ande,
que es la Nochebuena.

Todos le llevan al Niño,
yo también le llevaré
una torta de manteca
y un tarro de rica miel.

Ande, ande, ande,
la marimorena,
ande, ande, ande,
que es la Nochebuena.

La Nochebuena se viene,
la Nochebuena se va,
y nosotros nos iremos
y no volveremos más.

Ande, ande, ande,
la marimorena,
ande, ande, ande,
que es la Nochebuena.

Canta, ríe y bebe

Me he comprado una zambomba, bomba,
un pandero y un tambor, bor,
y "pa" completar la fiesta
los cacharros del fogón.

Coge tú las castañuelas, elas,
que no hay que dejar dormir, ir,
ni al de arriba, ni al de abajo
ni al que tome parte aquí.

Canta, ríe, bebe,
que hoy es Nochebuena
y en estos momentos
no hay que tener penas.
Dale a la zambomba,
dale al almirez
y dale a la suegra
que lo pase bien.

Al chico de mi portera, era,
hoy lo han traído en camilla, illa,
por pedir el aguinaldo
al tendero de la esquina.

El tendero de la esquina, ina,
ha tenido la atención, on
de tirarle a la cabeza
un pedazo de turrón.

Canta, ríe, bebe,
que hoy es Nochebuena
y en estos momentos
no hay que tener penas.
Dale a la zambomba,
dale al violín,
dale a la perola
y vive feliz.

LAS AVES TIENEN SU NIDO *

*Las aves tienen su nido,
los animales su cueva,
y el Hijo de Dios no tiene
ni una cunita siquiera.
Resuenen bien los panderos,
vamos ligeros hacia el portal
a ver al recién nacido,
Niño Querido, dulce zagal.*

LA VIRGEN CAMINA A EGIPTO *

*La Virgen camina a Egipto.
Desde Egipto va a Belén,
y en la mitad del camino
pide el niño de beber.*

Murcia

Si los pastores supieran

Si los pastores supieran, pon, pon,
mire usted, pastor; la pastora, no,
lo que esta noche ha nacido, pon, pon,
mire usted, pastor; la pastora, no,
dejarían sus rebaños, pon, pon,
mire usted, pastor; la pastora, no,
por esos montes perdidos, pon, pon.
mire usted, pastor; la pastora, no.

Viva la alegría

Jesusito mío
no me llores más.
¡Viva la alegría,
hoy es Navidad!

Niñito de mis amores,
lucecita de esperanza,
no quiero que por mí llores,
porque me partes el alma.

Jesusito mío
no me llores más.
¡Viva la alegría,
hoy es Navidad!

Ese frío que tú sientes,
cuando se alejan las almas,
con mi cariño prometo
que no has de notar su falta.

Jesusito mío
no me llores más.
¡Viva la alegría,
hoy es Navidad!

Ya verás qué calorcito,
más que la mula y el buey,
te dará mi corazón,
que será de oro de ley.

Jesusito mío
no me llores más.
¡Viva la alegría,
hoy es Navidad!

Esta noche es Nochebuena *

Esta noche es Nochebuena
y no es noche de dormir,
que ha nacido el Niño Dios
que nos viene a redimir.

Esta noche es Nochebuena
digamos con alegría:
viva la bota y el vino
y la mata que lo cría.
Porque la Pascua, la Pascua,
porque la Pascua ya está aquí.

A esta puerta hemos llegado
cuatrocientos en cuadrilla.
Si quieres que nos sentemos,
saca cuatrocientas sillas.

Esta noche es Nochebuena
digamos con alegría:
viva la bota y el vino
y la mata que lo cría.
Porque la Pascua, la Pascua,
porque la Pascua ya está aquí.

La Virgen es panadera *

Si tú quieres comer pan
blanco como la azucena,
si tú quieres comer pan
blanco como la azucena,
vámonos para Belén,
la Virgen es panadera
vámonos para Belén,
la Virgen es panadera.

San José lo cierne,
la Virgen lo amasa
y el Niño Jesús lo mete en las brasas.
San José lo cierne,
la Virgen lo amasa
y el Niño Jesús lo mete en las brasas.

Navarra

Birgina Maite

(Traducción)

Ama maitea
lotan dago zure
seme laztana.

Virgen amada,
tu adorado niño duerme.

Seaskatxo baten
ipiniozu gure
bihotzaren kuttuna.

Pon en la cuna
a nuestro amado.

Ongi bai ongi
iga ro ditzan gauak
eta egunak.

Así pasará muy bien
los días y las noches.

Poliki poliki
egin dezan lo ona,
egin deza lo ona.

Mécelo con ternura
para que tenga buenos sueños.

Aingeru berri onaz
gugana etorri.

El ángel
nos trae buenas nuevas.

Aintze zeru goi goian.
Zaungoikoari
Eta bake lurrean
gizen onari.

Gloria a Dios en el Cielo
y paz en la Tierra
a los hombres buenos.

Zatoz Zatoz zure
bilen nebilen ni,
Zatoz Zatoz zure
bilen nebilen ni.

Ven, ven,
yo te buscaba.
Ven, ven,
yo te buscaba.

Zatoz goazen eta
gurtu dezagun.
Belenen jaio de
Haurtxo eder hori,
Haurtxo eder hori.

Ven, vamos a adorarle.
Ha nacido en Belén
el precioso Niño,
el precioso Niño.

Gaurko haundi honetan *

Gaurko gau haundi honetan henen nabil ni;
Belena nahi duenak nerekin etorri.
Belena nahi duenak nerekin etorri.
Zatoz, zatoz, zure bila nabil ni,
Zatoz, zatoz, zure bila nabil ni,
Zatoz, goazen adora dezagun
Belenen jaio den haur eder hori, haur eder hori.

(Traducción)

En esta gran noche
busco compañeros
que vayan a Belén conmigo,
que vayan a Belén conmigo.
Ven, ven, voy en tu busca,
ven, ven, voy en tu busca,
ven, vamos a adorar al hermoso niño,
al hermoso niño nacido en Belén.

País Vasco

Hator, hator, mutil *

Hator, hator, mutil etxera,
gaztaina zimelak jatera
gabon gaba ospatutzeko
Aitaren ta amaren onduun.
Ikusiko dot aita barrezka,
ama be poz atsegiñez.

Eragiok, mutil aurreko danbolin,
horri gaztainak erre artian,
gaztainak erre artian,
txipli, txapla, plun.
Gabon gaba pozik igaro daigun.

(Traducción)

La Nochebuena llegando está,
ven, ven, hijo mío, ven a tu hogar
que tus padres, con impaciencia,
cuentan las horas que has de tardar.
Celebraremos la Nochebuena,
cuando nació Nuestro Señor.

Dale al tamboril, muchacho,
mil veces sin parar,
las castañas han de asarse,
las castañas han de asarse,
chipli, chapla, plun.
Disfrutemos en Nochebuena.

Oi Betleem!

Oi Betleem!,
etorri da zure garaia,
oi Betleem!

Ongi bai du dizdiratzen
zugandik heldu dan argiak,
betetzen ditu bazter guztiak,
oi Betleem!, oi, Betleem!

(Traducción)

¡Oh, mi Belén!
Llegó tu hora bien amada,
¡oh, mi Belén!

La luz que irradias sin cesar
Es como un faro que nos guía
en nuestra ruta, noche y día.
¡Oh, mi Belén!
¡Oh, mi Belén!

GABAREN ERDIAN *

(Traducción)

Gabaren erdian
Jesus jaio da,
Alaiki ta bizkor
Goazen Belena.
Iluna dago
Ez da argi zarrik;
Bainan nik ez dut
Argi beharrik.
Zu nere arginzaile
Jesus maitea
Nun bila zu baino
Argi hobea.

El Niño Jesús ha nacido
a medianoche.
Vayamos a Belén
veloces y contentos.
La noche es oscura,
las estrellas no iluminan,
pero yo no necesito luz.
Amado Jesús,
tú eres mi guía:
no encontraré luz
más clara que la tuya.

La Rioja

Toca la zambomba

La Virgen está lavando
y en el romero tendiendo;
los ángeles van cantando,
y el agua se va riendo.

Toca la zambomba,
tócala mejor,
toca la zambomba,
que ha nacido Dios.

Los pastores, que supieron
que el Niño estaba en Belén,
agarraron la zambomba
y apretaron a correr.

Dale, dale, dale,
dale a la zambomba,
dale, dale, dale,
hasta que se rompa.

San José era carpintero *

San José era carpintero,
la Virgen cola* y amasa;
las varillas** de cristal
y el cedacido de plata.

Aquel tomillito
que en la zarza ardía,
la Virgen preñada,
doncella y parida.

Este Niño chiquitito,
el del vestidito blanco,
es el hijo de María
y del Espíritu Santo.

Aquel tomillito
que en la zarza ardía,
la Virgen preñada,
doncella y parida.

---

* Criba.
** Bastidor dentro del cual se mueve el cedazo para cribar.

AGUINALDOS

Deme el aguinaldo

Deme el aguinaldo,
señora, por Dios,
que venimos cuatro
y entraremos dos.

Al quiquiriquí,
al quiquiricuando,
de aquí no me voy
sin el aguinaldo.

Deme el aguinaldo,
aunque sea poquito,
una vaca gorda
con su becerrito.

Al quiquiriquí,
al quiquiricuando,
de aquí no me voy
sin el aguinaldo.

Deme el aguinaldo,
carita de rosa,
que no tiene cara
de ser tan roñosa.

Al quiquiriquí,
al quiquiricuando,
de aquí no me voy
sin el aguinaldo.

A esta puerta hemos llegado

A esta puerta hemos llegado
cuatrocientos en cuadrilla,
si quiere que nos sentemos
saque cuatrocientas sillas:
una para mí
y otra para el compañero,
y los que vengan detrás
que se sienten en el suelo.

Esta noche, caballeros

Esta noche, caballeros,
es noche de Navidad.
Jesús nació de María,
nació en un pobre portal.

A los amos de esta casa
venimos a despertar,
que esta noche, caballeros,
es noche de Navidad.

Venimos con alegría
en esta noche a cantar,
a los amos de esta casa
que es gente de cristiandad.

Dadnos, por Dios, aguinaldo,
dádnoslo, por caridad,
que esta noche, caballeros,
es noche de Navidad.

Aguinaldo arenense

Esta casa es alta y baja,
y aquí vive un caballero,
tiene la mujer bonita,
los hijos, como un lucero.

Y una lucecita
veo relucir,
y un cacho chorizo
me van a partir.

Echen, echen, echen,
por esas ventanas,
higos y castañas,
o, si no, manzanas.

Y el aguinaldillo,
si nos lo han de dar,
que la noche es corta
y hay mucho que andar.

Aguinaldo extremeño

¡Señora, por Dios!
¿Me da "usté" aguinaldo
por el nacimiento
del Hijo de Dios?

Yo no quiero higos
que están podridos,
no quiero bellotas,
que tienen ventanas;
lo que yo quiero es morcilla
"pa" comérmela mañana.

Aguinaldo la he pedido,
no me lo ha querido dar,
permita Dios se le seque
la tripa del "cagalar".

A LAS ARANDELAS

*Alabemos todos
al Niño Jesús,
que nació en Belén
y murió en la cruz.*

*A las arandelas,
a las arandelas,
a las arandelas
de mi corazón.*

*También alabemos,
con suma alegría,
a sus santos padres
san José y María.*

*A las arandelas,
a las arandelas,
a las arandelas
de mi corazón.*

*Después de alabar
al Rey de los Cielos,
con los de esta casa
nos entenderemos.*

*A las arandelas,
a las arandelas,
a las arandelas
de mi corazón.*

*Y les cantaremos,
de Dios con la gracia,
deseando a todos
muy felices Pascuas.*

*A las arandelas,
a las arandelas,
a las arandelas
de mi corazón.*

*Y un año feliz,
con prosperidad,
salud y dinero,
y felicidad.*

*A las arandelas,
a las arandelas,
a las arandelas
de mi corazón.*

*Que el Niño Jesús
muy a bien lo tenga
librarlos a todos
de las malas lenguas.*

*A las arandelas,
a las arandelas,
a las arandelas
de mi corazón.*

Que los libre el Niño
de los envidiosos,
que hacen mala sangre
y viven rabiosos.

A las arandelas,
a las arandelas,
a las arandelas
de mi corazón.

Y los libre el Cielo
de un vecino malo,
que es mucho peor
que un incendio al lado.

A las arandelas,
a las arandelas,
a las arandelas
de mi corazón.

Señores, ¡silencio!,
que el sonido empieza,
de platos, cubiertos
y arreglos de mesa.

A las arandelas,
a las arandelas,
a las arandelas
de mi corazón.

Por el agujero
de la cerradura
se cuelan olores
de fritanga pura.

A las arandelas,
a las arandelas,
a las arandelas
de mi corazón.

Y allá en la cocina,
ruidos de sartenes
que sacan del horno
pavos y pasteles.

A las arandelas,
a las arandelas,
a las arandelas
de mi corazón.

Pues, según señales,
esta gente buena,
con nosotros quiere
compartir su cena.

A las arandelas,
a las arandelas,
a las arandelas
de mi corazón.

Así, pues, señores,
dueños de la casa,
¡abran ya las puertas
que el tiempo se pasa!

Esta noche es Nochebuena

*Esta noche es Nochebuena,
digamos con alegría:
viva la bota y el vino
y la mata que lo cría.
Porque la Pascua, la Pascua,
porque la Pascua, la Pascua,
porque la Pascua ya está aquí,
porque la Pascua ya está aquí.*

*Esta noche es Nochebuena
y no es noche de dormir,
que ha nacido el Niño Dios
que nos quiere redimir.*

*Esta noche es Nochebuena,
digamos con alegría:
viva la bota y el vino
y la mata que lo cría.
Porque la Pascua, la Pascua,
porque la Pascua, la Pascua,
porque la Pascua ya está aquí,
porque la Pascua ya está aquí.*

*El aguinaldo pedimos,
no nos dé usted cañamones,
pedimos tortas de Pascua
con anises y piñones.*

*Esta noche es Nochebuena,
digamos con alegría:
viva la bota y el vino
y la mata que lo cría.
Porque la Pascua, la Pascua,
porque la Pascua, la Pascua,
porque la Pascua ya está aquí,
porque la Pascua ya está aquí.*

Buenos Reyes

En el nombre de Jesús
y su santo sacramento,
decid todos a una voz:
¡Viva los que estamos dentro!
¡Felices Pascuas de Reyes,
después de Natividad!,
que gocen vuestras mercedes
por toda la eternidad.
Buenos Reyes son,
y cuando nació Jesús
nos ofreció una señal,
aquella famosa estrella
que templada luz nos da,
y para que conozcamos
lo mucho que Dios nos quiere.
¡Alegría, caballeros,
que es la fiesta de los Reyes!
Señor cura, señor cura,
eche usted mano al bolsillo
y saque una pesetilla
para echarnos un traguillo,
chorizos y longanizas,
que el Niño nació en Belén,
chorizos y longanizas
y otras cosas de comer.

Ay, divina estrela

(Aguinaldo gallego)

*Señores que viven
dentro de esta casa,
oigan los misterios
de esta Noite Santa.*

*De Oriente salen tres Reises,
todos tres en compañía,
con tres hermosos cabalos
que relumbran como el día.*

*¡Ay, divina estrela!
¡Ay, divina luz!,
amostrai a cara
do Neno Xesús.*

*Vieron o Neno Xesús
nos braciños de María.
Todos tres se arrodillaron
porque adorarlo querían.*

Aguinaldo venezolano

Deme mi aguinaldo,
aunque sea poquito,
una vaca gorda
con su becerrito.

Somos caminantes,
pedimos poquito;
denos, por la gracia
de Jesús chiquito.

Deme mi aguinaldo
de cachapa y suero;
porque usted ya sabe
cómo están los tiempos.

Deme mi aguinaldo,
aunque sea café,
si lo tiene verde
yo lo tostaré.

Si me da pasteles,
démelos calientes,
que pasteles fríos
matan a la gente.

Yo no quiero vino,
ni tampoco ron;
me basta, señora,
la buena intención.

Pido mi aguinaldo
con mucha alegría,
porque vi salir
la estrella del día.

Yo no quiero chicha;
me da carraspera;
lo que quiero es plata
"pa" mi faltriquera.

Aguinaldo pido,
aguinaldo doy,
si no me dan nada,
contento me voy.

AGUINALDOS MURCIANOS

María, coge el candil
y a tu hermana de la mano,
y bajaros de allá arriba
para darnos aguilando*

Se le antoja mucho,
le viene quitando,
y en la faltriquera
se lo viene echando.

Un aguinaldo te pido,
no te pido cañamones,
te pido billetes verdes
y si no que sean marrones.

Se le antoja mucho,
le viene quitando,
y en la faltriquera
se lo viene echando.

La que baja la escalera
es la que trae el aguilando,
y se le ha antojado mucho
y lo viene pellizcando.

Y lo viene pellizcando.
¡Ay qué Niño tan hermoso,
que a todos causa alegría
su nacimiento glorioso!

A esta puerta hemos llegado
cuatrocientos en cuadrilla,
si quieres que nos sentemos
saca cuatrocientas sillas.

¡Ay qué Niño tan hermoso,
que a todos causa alegría
su nacimiento glorioso!

Entra, entra, mochilero,
con la mochila en la mano,
hinca la rodilla en tierra
que te den el aguilando.

Por ser la primera vez
que en esta casa yo canto:
gloria al Padre, gloria al Hijo,
gloria al Espíritu Santo.

Darle, darle al mochilero,
darle si le queréis dar,
porque nosotros nos vamos
a cantar a otro lugar.

Echemos la despedida,
la que Cristo echó en Belén,
quien aquí nos ha juntado
nos junte en la Gloria, amén.

---

* En Murcia, el aguinaldo recibe este nombre.

Aguinaldo valenciano

Doneu-me el guirlando
si me l'heu de dar
que esta nit la fá molt fosca
y hem de fer sopar;
ja ve Nadal,
tremola el gall.
Diu la gallina:
—Oh que mal día.
Diu el pollastre:
—Segint el rastre.
Diu la lloca:
—A mi no em toca.
Diu el pollet:
—A mi no em pertoca
que soc xicotet

(Traducción)

Dame el aguinaldo
si me lo has de dar
que esta noche es muy oscura
y hemos de cenar.
Ya llega Navidad,
tiembla el gallo.
Dice la gallina:
– ¡Oh, qué mal día!
Dice el pollo:
–Seguimos el rastro.
Dice la oca:
–A mí no me toca.
Dice el pollito:
– A mí no me toca
que soy chiquitito.

ROMANCES Y POEMAS DE LA NAVIDAD

La Virgen iba de parto

*La Virgen y san José
iban de camino un día;
la Virgen iba de parto,
y andar tanto no podía.
Y le dice san José:
—Aprieta el paso, María,
que hemos de entrar en Belén
antes de que venga el día.
Ya llegaron a Belén,
puertas cerradas había.
—¡Abre la puerta, portero,
a san José y a María!
—Aquí no se le abre a nadie
hasta que no llegue el día.
Se bajaron a una cueva
que más abajito había.
San José se fue a por lumbre,
que otro remedio no había.*

*De que vino san José
ya había parido María
un niñito muy hermoso
que en sus brazos sostenía.
Tanta era su pobreza,
que aun pañales no tenía;
echó mano a su cabeza,
y de un velo que allí había;
lo partió de parte a parte
y con eso le envolvía.
Ángeles bajan del cielo
a visitar al Mesías:
unos le daban pañales,
otros fajas le ofrecían
y otros mantillas le daban
para envolver al Mesías.*

Venga en hora buena

*Venga en hora buena
la bella María
a dar a estos campos
placer y alegría.*

*Y de rama en rama
y de flor en flor,
canta un pajarillo
rendido de amor.*

Antes de las doce

*A Belén camina
la Virgen María
y a san José lleva
en su compañía;
buena compañía
para caminar.*

*Antes de las doce
a Belén llegar.*

*Fueron caminando
hasta que encontraron
unos pasajeros,
y les preguntaron
si para Belén
hay mucho que andar.*

*Antes de las doce
a Belén llegar.*

*Llegan al mesón
a pedir posada;
sale el mesonero
por una ventana:
—¿Qué hacéis en mi puerta,
con tanto llamar?*

*Antes de las doce
a Belén llegar.*

*Fueron caminando
hasta que encontraron
un portal abierto
medio derribado,
y allí se entraron
para descansar.*

*Antes de las doce
a Belén llegar.*

*Aquí nació el Niño,
en este pesebre,
entre humildes pajas,
sin tener albergue;
sin tener albergue
y sin cuna hallar.*

*Antes de las doce
a Belén llegar.*

La Virgen y el labrador

Camina la Virgen pura,
con su esposo san José,
y en el camino han pasado
mucho frío y mucha sed.
Y llevan al Niño
con mucho cuidado,
porque el rey Herodes,
porque el rey Herodes
quiere degollarlo,
quiere degollarlo,
quiere degollarlo.

A la mitad del camino
a un labrador que allí vieron
la Virgen le ha preguntado:
—Labrador, ¿qué estás haciendo?
Y el labrador dijo:
—Señora, sembrando
este poco trigo,
este poco trigo
para el otro año,
para el otro año,
para el otro año.

—Mañana ven a segarlo
sin ninguna prevención,
que este milagro lo hace
el Divino Redentor.

Si acaso vinieran
por nosotros preguntando,
dices que nos viste,
dices que nos viste,
estando sembrando,
estando sembrando,
estando sembrando.

Fue el labrador a su casa
con alegría, y contó
todo lo que le pasaba,
todo lo que le pasó.
Buscó segadores,
alegre y contento,
"pa" segar el trigo,
"pa" segar el trigo,
que ya estaba seco,
que ya estaba seco,
que ya estaba seco.

Y estando segando el trigo,
pasaron los de a caballo
preguntan por la mujer,
por un niño y un anciano.
Y les dijo el labrador:
—Cierto que la vi;
estando sembrando,
estando sembrando,
pasó por aquí,
pasó por aquí,
pasó por aquí.

Se vuelven los de a caballo,
y mil reniegos echaban
al no poder conseguir
el intento que llevaban.
Y el intento era,
y el intento fue,
degollar al Niño,
degollar al Niño
que nació en Belén,
que nació en Belén,
que nació en Belén.

La Virgen y el ciego

Camina la Virgen pura
de Egipto para Belén,
y en el medio del camino
pide el Niño de beber.
—No pidas agua, mi vida,
no pidas agua, mi bien,
que los ríos vienen turbios
y los arroyos también,
y las fuentes se secaron
y ya no pueden correr.
En lo alto de aquel cerro
hay un huerto naranjel
cargadito de naranjas
que otra no pude tener.
El viejo que las guardaba
es un ciego que no ve.
—Dame, ciego, una naranja
para el Niño entretener.
—Entre usted, señora, y coja
las que hubiera menester.
La Virgen, que era discreta,
no cogía más que tres;
el Niño, como era niño,
todas las quiere coger.
Por una que coge el Niño,
cien vuelven a florecer.
A la salida del huerto,
el ciego comienza a ver.
—¿Quién ha sido esa señora
que me ha hecho tanto bien,
que me dio luz a los ojos
y en el corazón también?
—Ha sido la Virgen pura
que va de Egipto a Belén.

Oriente

Del Oriente al sol salieron
tres Reyes en armonía,
y los tres se dirigieron
frente al sol del mediodía.
Tan alta iba la luna
como el sol de mediodía.
A eso de la medianoche
parió la Virgen María.
Parió con tanta pobreza
que ni aun pañales tenía.
Bajaba un ángel del Cielo
rezando el Ave María;
cada palabra que dice
rico pañal se volvía:
los pañales eran de oro,
mantillas de plata fina.
Ya sube el ángel al Cielo
por aquella senda arriba,
se encuentra con san José,
pregunta por la parida.

—La parida quedó bien
en su celda recogida.
Mandó pintar un castillo
con todas sus maravillas;
no lo pintó hombre nacido,
ni hombre de carpintería,
que lo pintó el Dios del Cielo
para la Virgen María.
Debajo de aquel castillo
un lindo rosal había;
debajo de aquel rosal
está la Virgen María
con su niñito en los brazos
que ni aun callar lo podía.
—¿Por qué lloras, hijo mío?
¿Por qué lloras, alma mía?
—No lloro por la mi Madre,
ni del hambre que tenía,
lloro por los pecadores
que en el mundo hartos había.

La corderada

(Ofrecimiento)

—Yo te ofrezco, mi Niño,
esta zamarra,
para que así tu Madre
te haga la cama.

—Yo te ofrezco, mi Niño,
esta manzana,
porque tiene tres cosas
significadas.

—Yo te ofrezco, mi Niño,
siete piñones,
del Espíritu Santo
los siete dones.

—Yo te ofrezco, mi Niño,
de estas mis manos
un par de pajarillos,
vedlos volando.

—Yo te ofrezco, mi Niño,
esta corona,
para que así me lleves
mi alma a la gloria.

—Yo te ofrezco, mi Niño,
este fajero,
para que así tu Madre
te enfaje luego.

—Yo te ofrezco, mi Niño,
esta cordera,
en nombre de este pueblo
que te venera.

—Vaya de fiesta el Niño, ea,
toquen las castañuelas.

La Virgen se está peinando

*La Virgen se está peinando
debajo de una palmera;
los peines eran de plata,
la cinta de primaveras.*

*Por allí pasó José,
nacido en Arimatea,
y al ver callada a la Virgen,
le dijo de esta manera:*

*—¿Cómo no canta la Virgen?
¿Cómo no canta la bella?*

*—¿Cómo quieres que yo cante,
solita y en tierra ajena,
si un hijo que yo tenía,
más blanco que una azucena,
me lo están crucificando
en una cruz de madera?
Si me lo queréis bajar,
bajádmelo en hora buena;
os ayudará san Juan
y también la Magdalena,
y también santa Isabel
que es muy buena medianera.*

Las doce están dando

*Las doce están dando
y el niño llorando;
la Virgen María
lo está consolando.
Enciende un candil
san José, que vela,
y mira quién anda
por la cabecera.
Los ángeles son
que van a caballo
y cogen al Niño
envuelto en un paño.
—¿De quién es el Niño?
—De Santa María.
—¿Dónde está María?
—Buscando las llaves
para abrir el Cielo,
por la camisita
de punto real
de este Niño chico
que está en el Portal.*

En un portillico abierto

En un portillico abierto,
que nunca estaba cerrado,
por allí pasó María
vestida de colorado.
Este vestido que lleva
nunca lo lleva manchado,
que lo manchó Jesucristo
con sangre de sus costados.
Caminemos, caminemos,
caminemos a Belén.
Como el camino era largo,
el Niño tenía sed.
—Ciego, dame una naranja
para al Niño entretener.
—Entre usted, señora, y coja
las que sean menester.
Cuantas más cogía la Virgen
más echaba el naranjel.
—¿Quién ha sido esta señora
que me ha hecho tanto bien?
—Será la Virgen María
que camina hacia Belén,
con el Niñico en los brazos
y la vara de José.

NANAS

Duérmete ya

Duérmete, Niño mío,
duérmete, blanca flor;
con sus gorjeos arrulla
tu sueño el ruiseñor.

Junto a tu blanca cuna,
vela siempre mi amor.
Duérmete ya, rosa de abril,
duérmete ya, blanca flor.

Arrullo

En los rigores de noche fría
María arrulla al Niño Dios,
cantando alegre la melodía
bajo el latido del corazón.

Duérmete, Niño,
duérmete pronto,
toda mi vida,
todo mi amor.

Cae la nieve
cubriendo los campos,
al ritmo suave de su voz.

En los rigores de noche fría
María arrulla al Niño Dios,
cantando alegre la melodía
bajo el latido del corazón.

Duérmete, Niño,
duérmete pronto,
toda mi vida,
todo mi amor.

Cae la nieve
cubriendo los campos,
al ritmo suave de su voz.

A LA NANITA NANA

A la nanita nana,
nanita ea, nanita ea,
mi Jesús tiene sueño,
bendito sea.

Fuentecilla que corres
clara y sonora;
ruiseñor que en la selva
cantando lloras,
callad, mientras la cuna
se balancea.
A la nanita nana,
nanita ea.

A la nanita nana,
nanita ea, nanita ea,
mi Jesús tiene sueño,
bendito sea.

Manojito de rosas
y de alhelíes,
¿qué es lo que estás soñando
que te sonríes?
Soñad, mientras la cuna
se balancea.
A la nanita nana,
nanita ea.

A la nanita nana,
nanita ea, nanita ea,
mi Jesús tiene sueño,
bendito sea.

Pajaritos y fuentes,
auras y brisas,
respetad ese sueño
y esas sonrisas.
Callad, mientras la cuna
se balancea.
A la nanita nana,
nanita ea.

A la nanita nana,
nanita ea, nanita ea,
mi Jesús tiene sueño,
bendito sea.

Duérmete, cariño

La Virgen María
al Niño arrullaba,
mientras lo mecía
la Madre cantaba
dulce melodía:

Duérmete, cariño,
vidita, ilusión,
duérmete, mi Niño,
duerme, corazón.

¡Ro, mi Niño, ro!

¡Ro, mi Niño, ro!,
cierra los ojillos,
que te velo yo.
Duerme, rosa en capullo,
duerme mientras te arrullo,
no quieras ya llorar.

Duérmete, lucero,
duérmete, que la noche
cubre de nieblas
el valle entero:
Duérmete ya, mi Niño,
duérmete ya, mi amor.
¡Ro, mi Niño, ro!
¡Ro, mi Niño, ro!

Arrú, arrú, mi Niño

Arrú, arrú, mi Niño,
arrú, arrú, sin par,
ojitos de lucero,
boquita de coral.

Niño de jazmines,
Niño de los niños,
rosa de las rosas
del jardín más lindo.

Arrú, arrú, mi Niño,
arrú, arrú, sin par,
ojitos de lucero,
boquita de coral.

No lloréis, mi Niño,
Niño sin igual,
dentro de las pajas
chorros de cristal.

Arrú, arrú, mi Niño,
arrú, arrú, sin par,
ojitos de lucero,
boquita de coral.

El buey y la mula
te den su calor,
para que no sientas
del frío el rigor.

Arrú, arrú, mi Niño,
arrú, arrú, sin par,
ojitos de lucero,
boquita de coral.

Echadnos, mi Niño,
vuestra bendición,
para que alcancemos
de Dios el perdón.

Arrú, arrú, mi Niño,
arrú, arrú, sin par,
ojitos de lucero,
boquita de coral.

(CHILE)

Quedito, quedo

Quedito, quedo,
quedo, pastor.
Llega con tiento
a la más bella flor;
suspende el aliento,
suprime la voz,
que duerme mi Niño,
que duerme mi Dios.

Mi Niño se va a dormir

Mi Niño se va a dormir,
no tiene cama ni cuna.
A José que es carpintero
mandaremos que haga una.

Mi Niño se va a dormir
en una cama de flores,
y por cabecera tiene
la Virgen de los Dolores.

Mu, mu, mu

Mu, mu, mu,
duérmete tú.
La mula y el buey
calientan al Rey.
Mu, mu, mu,
duérmete tú.
Estrella de Oriente
que alumbra a la gente.
Mu, mu, mu,
duérmete tú.

Quedito, pasito

Quedito, pasito,
silencio, chitón,
que duerme un Infante,
que tierno y constante
al más tibio amante
despierta el calor.
Quedito, pasito,
silencio, chitón.
No le despierten, no;
a la e, a la o,
duerma mi amado
a la e, a la o.

CANCIONERO NAVIDEÑO DE AUTOR

Canción para callar al Niño

Callad, Vos, Señor,
nuestro Redentor,
que vuestro dolor
durará poquito.

Ángeles del Cielo,
venid dar consuelo
a este mozuelo
Jesús, tan bonito.

(Gómez Manrique)

Venida, es venida

Venida, es venida,
al mundo la vida.

Venida es al suelo
la gracia del cielo,
a darnos consuelo
y gloria cumplida.

Nacido ha en Belén
el que es nuestro bien;
venido es en quien
por Él fue escogida.

En un portalejo
con pobre aparejo,
servido de un viejo,
se guarda escogida.

La piedra preciosa,
ni la fresca rosa,
no es tan hermosa
como la parida.

Venida, es venida,
al mundo la vida.

(Juan Álvarez Gato)

Anda acá, pastor

Anda acá, pastor,
a ver al Redentor.

Anda acá, Minguillo,
deja tu ganado,
toma el caramillo,
zurrón y callado,
vamos sin temor
a ver al Redentor.

No nos acerquemos
sin llevar presente;
mas, ¿qué llevaremos?
Dilo tú, Llorente.
¿Qué será mejor
para el Redentor?

Yo quiero llevarle
leche y mantequillas,
y para empañarle
algunas mantillas,
para ir con amor
a ver al Redentor.

Con aquel cabrito
de la cabra mocha
darele un quesito
y una miga cocha,
que tendrá sabor,
sabor al Redentor.

No piense que vamos
su Madre graciosa
sin que le ofrezcamos
más alguna cosa,
que es de gran valor,
Madre del Redentor.

En cantares nuevos
gocen sus orejas:
miel y muchos huevos
para hacer torrejas,
aunque sin dolor
parió al Redentor.

(Juan del Encina)

Decid, los pastores...

—Decid, los pastores:
¿qué venís de ver
con tanto placer?
—Vimos a María,
muy noble doncella,
que así relucía
como clara estrella,
la más linda y bella
que fue ni ha de ser,
ni se espera ver.
Vimos maravillas
cuales nunca fueron,
reparar las sillas,
ya que se perdieron,
de los que cayeron
de su merecer
por soberbios ser.
En un pesebrito,
hallamos un niño
atán graciosito
que hubimos cariño;
pusimos aliño
de más cerca ser
por mejor lo ver.

Junto a él estaban
un asno y un buey,
ambos le adoraban
al muy santo Rey.
El dador de ley
sentimos Él ser
a su parecer.
Ángeles del Cielo
y las jerarquías
nos daban consuelo
con sus melodías;
cien mil alegrías
les vimos hacer
con gloria y placer.

(Lucas Fernández)

VÉANTE MIS OJOS

Véante mis ojos,
dulce Jesús bueno;
véante mis ojos,
muérame yo luego.

Vea quien quisiere
rosas y jazmines,
que si yo te viere,
veré mil jardines;
flor de serafines,
Jesús Nazareno,
véante mis ojos,
muérame yo luego.

No quiero contento,
mi Jesús ausente,
que todo es tormento
a quien esto siente;
sólo me sustente
su amor y deseo,
véante mis ojos,
dulce Jesús bueno,
véante mis ojos,
muérame yo luego.

(Santa Teresa de Jesús)

[186]

AL NIÑO JESÚS

Soles claros son
tus ojuelos bellos,
oro los cabellos,
fuego el corazón.
Rayos celestiales
echan tus mejillas,
son tus lagrimillas
perlas orientales;
tus labios corales,
tu llanto es canción,
oro los cabellos,
fuego el corazón.

(Juan Díaz Rengifo)

Caminad, esposa *

Caminad esposa,
Virgen singular,
que los gallos cantan,
cerca está el lugar.

Caminad, Señora,
bien de todo bien,
que antes de una hora
somos en Belén
y allá muy bien
podréis reposar.
Que los gallos cantan,
cerca está el lugar.

Yo, Señora, siento
que vais fatigada,
y paso tormento
por veros cansada;
presto habrá posada
do podréis holgar.
Que los gallos cantan,
cerca está el lugar.

Señora, en Belén
ya pronto seremos;
que allí habrá bien
do nos alberguemos;
parientes tenemos
con quien descansar.
Que los gallos cantan,
cerca está el lugar.

¡Ay!, Señora mía,
si parida os viese,
de albricias daría
cuanto yo tuviese,
este asno que fuese
holgaría dar.
Que los gallos cantan,
cerca está el lugar.

(Francisco de Ocaña)

Clavel de la aurora

Caído se le ha un clavel
hoy a la aurora del seno,
¡qué glorioso estaba el heno
porque ha caído sobre él!

Cuando el silencio tenía
todas las cosas del suelo,
y coronada de hielo
reinaba la noche fría,
en medio la monarquía
de tiniebla tan cruel
caído se le ha un clavel.

De un sólo clavel ceñido,
la Virgen, aurora bella,
al mundo le dio, y ella
quedó cual antes, florida.
A la penumbra caída
siempre fue el heno fiel;
caído se le ha un clavel.

El heno, pues, que fue digno,
a pesar de tantas nieves,
de ver en sus brazos leves
este rosicler divino,
para su lecho fue lino,
oro para su dosel;
caído se le ha un clavel.

(Luis de Góngora)

Alegraos, pastores

Alegraos, pastores,
ya viene el albore.
Tened alegría,
que ya viene el día.

Alégrese el suelo
con tal regocijo,
pues de Dios el Hijo
hoy baja del Cielo
y en humano vuelo
por nuestros amores.

Alegraos, pastores,
que viene el albore,
Tened alegría,
que ya viene el día.

(Lope de Vega)

Mañanicas floridas

Mañanicas floridas
del frío invierno,
recordad a mi Niño
que duerme al hielo.

Mañanas dichosas
del frío diciembre,
aunque el cielo os siembre
de flores y rosas,
pues sois rigurosos
y Dios es tierno,
recordad a mi Niño
que duerme al hielo.

(Lope de Vega)

Zagalejo de perlas

Zagalejo de perlas,
hijo del alma,
¿dónde vais, que hace frío,
tan de mañana?

Como sois lucero
del alma mía,
a traer el día
nacéis primero,
pastor y cordero
sin choza ni lana;
¿dónde vais, que hace frío,
tan de mañana?

Perlas en los ojos,
risas en la boca,
las almas provoca
a placer y enojos;
cabellitos rojos,
boca de grana,
¿dónde vais, que hace frío,
tan de mañana?

Que tenéis que hacer,
pastorcito santo,
madrugando tanto,
lo dais a entender;
aunque vais a ver
disfrazado el alma,
¿dónde vais, que hace frío,
tan de mañana?

(Lope de Vega)

No lloréis mis ojos *

No lloréis, mis ojos,
Niño Dios, callad,
que si llora el Cielo,
¿quién podrá cantar?

Vuestra Madre hermosa,
que cantando está,
llorará también
si ve que lloráis.

O es fuego o es frío
la causa que os dan.
Si es amor, mis ojos,
muy pequeño amáis.

Enjugad las perlas,
nácar celestial,
que si llora el Cielo,
¿quién podrá cantar?

Los ángeles bellos
cantan que les dais
a los Cielos Gloria,
a la tierra paz.

Por esas montañas,
descendiendo van
pastores cantando,
por daros solaz.

Niño de mis ojos,
ea, no haya más,
que si llora el Cielo,
¿quién podrá cantar?

(Lope de Vega)

Pues andáis en las palmas

Pues andáis en las palmas,
ángeles santos,
que se duerme mi Niño,
tened los ramos.

Palmas de Belén
que mueven airados
los furiosos vientos
que suenan tanto:
no le hagáis ruido,
corred más paso.
Que se duerme mi Niño,
tened los ramos.

El Niño divino
que está cansado
de llorar en la tierra
por su descanso,
sosegaros quiere un poco
del tierno llanto.
Que se duerme mi Niño,
tened los ramos.

Rigurosos hielos
le están cercando;
ya veis que no tengo
con qué guardarlo.
Ángeles divinos
que vais volando,
que se duerme mi Niño,
tened los ramos.

(Lope de Vega)

LAS PAJAS DEL PESEBRE *

*Las pajas del pesebre,
Niño de Belén,
hoy son flores y rosas,
mañana serán hiel.*

*Lloráis entre las pajas
del frío que tenéis,
hermoso Niño mío
y de calor también.*

*Dormid, Cordero Santo,
mi vida, no lloréis,
que si os escucha el lobo,
vendrá por Vos, mi bien.*

*Dormid entre las pajas,
que, aunque frías las veis,
hoy son flores y rosas,
mañana serán hiel.*

*Las que, para abrigaros,
tan blandas hoy se ven,
serán mañana espinas
en corona cruel.*

*Mas no quiero deciros,
aunque Vos lo sabéis,
palabras de pesar
en días de placer.*

*Que aunque tan grandes deudas
en paja las cobréis,
hoy son flores y rosas,
mañana serán hiel.*

*Dejad el tierno llanto,
divino Enmanuel,
que perlas entre pajas
se pierden sin por qué.*

*No piense vuestra Madre
que ya Jerusalén
previene sus dolores
y llore con José.*

*Que aunque pajas no sean
corona para rey,
hoy son flores y rosas,
mañana serán hiel.*

(Lope de Vega)

ATABALES TOCAN

Atabales tocan
en Belén, pastor,
trompeticas suenan,
alégrame el son.

De donde la aurora
abre su balcón,
y saca risueña
en brazos al sol,
vienen Baltasar,
Gaspar y Melchor,
preguntando alegres
por el Dios de amor.

Todos traen presentes
de rico valor,
oro, incienso y mirra,
al Rey, Hombre y Dios.

Atabales tocan
en Belén, pastor,
trompeticas suenan,
alégrame el son.

La virginal madre
del Rey Salomón,
para la visita,
de fiesta salió;
de estrellas se puso
un apretador,
y un manto de lustre
con puntas de sol;
para los chapines,
que bordados son,
virillas de plata
la luna le dio.

Atabales tocan
en Belén, Pastor,
trompeticas suenan,
alégrame el son.

(José de Valdivieso)

Nota: El atabal es un tambor de forma semiesférica con un solo parche.

Letra de Natividad

Al parto de la zagala
treinta zagales vinieron,
y bailaron y tañeron,
pero Antón llevó la gala.

Trajo un salterio Pascual,
un caramillo, Llorente,
una bandurria, Clemente
y una flauta, Foncarral.
Y en el portal
bailó Antón
el dongolondrón,
y Blas, el gañán,
la cebolla con el pan;
y Cantueso,
el rabanico con queso.
Gil en todo se señala,
pero Antón llevó la gala.

Antón, con gracioso aliño,
con el pellico abrigó
al Niño,
que pareció
un clavel entre un armiño.

Riose el Niño,
cantó Antona,
mi vida bona;
Valdestacas
danzó guárdame las vacas;
Martín danzó
matachín que no te di yo
con gala,
y fue Martín Gala,
pero Antón llevó la gala.

El escolar Cariharto
por la parida apostaba
Virgen como antes del parto;
danzó Esparto,
como mona,
canaria bona;
Pablo Ensancha,
déjame Periquito Sancha,
y Marina
a la gala de Medina,
que hasta allí llevó su gala,
pero Antón llevó la gala.

Mingo que mira entre el heno
aquel grano soberano,
dijo: con solo este grano
ha de ser el año bueno.

Cantó Moreno,
viendo el pan,
al villano se lo dan,
y Andrés de Cubas,
Parantón como de mis uvas,
y Bras Taray
dijo al Niño el ay, ay, ay,
con que lo alegra y regala,
pero Antón llevó la gala.

(José de Valdivieso)

Portalico divino

Portalico divino,
¡qué bien pareces
con el Niño chiquito, bonito,
que nos ofreces!

Dulce portalico,
lleno de mil perlas.
¡Quién pudiera haberlas
para hacerse rico!

Tus bienes publico,
¡pues tan bien pareces
con el Niño chiquito, bonito,
que nos ofreces!

En tu estancia bella
yace el claro sol,
que con su arrebol
da gran luz en ella.

Con tan clara estrella,
un cielo pareces
con el Niño chiquito, bonito,
que nos ofreces.

Niño, Dios divino
en quien se ve el cielo
debajo de un velo
raro y peregrino.

Por este camino,
el alma enriqueces
con el Niño chiquito, bonito,
que nos ofreces.

(Francisco de Ávila)

Hagamos un pellico

Hagamos un pellico
al Niño Dios,
que nace corderico,
que vive pastorcico,
y muere por amor.

Hagamos un pellico
al Niño Dios.

(Cosme Gómez Tejada de los Reyes)

¿Cómo perdido, zagal...?

—¿Cómo perdido, zagal,
dejas el hato en el prado?
—Seguro queda el ganado,
que ha venido el Mayoral.

—Vive, zagal, con recelo,
que suceden muchos robos.
—Contra los sangrientos lobos
viene el Mayoral del Cielo.
—Por eso ha nacido al hielo,
que es guarda muy cuidadosa.
—Hazaña ha sido gloriosa
vestir el tosco sayal.

—¿Cómo perdido, zagal,
dejas el hato en el prado?
—Seguro queda el ganado,
que ha venido el Mayoral.

—Riesgo mortal he temido,
por ser Cordero inocente.
—Cordero, mas tan valiente
que huye el lobo su balido.
—Como a vencerle ha venido,
Mayoral nace en Belén.
—Muera Cordero también
por darnos vida inmortal.

¿Cómo perdido, zagal,
dejas el hato en el prado?
—Seguro queda el ganado,
que ha venido el Mayoral.

—Pascual, ¿cómo puede ser
que siendo Dios, sea pastor?
—Efectos son del amor
que es de infinito poder.
—Si quieres, vámosle a ver
con ánimo agradecido.
—A darnos paz ha venido
en nuestra guerra mortal.

—¿Cómo perdido, zagal,
dejas el hato en el prado?
—Seguro queda el ganado,
que ha venido el Mayoral.

(Cosme Gómez Tejada de los Reyes)

Canción del ruiseñor

Allí en el establo,
cerca del portal,
el ruiseñor canta
por la Navidad:
¡Flor del lirio, lirio,
flor de blanco lirial!
—¿Por qué ahora cantas
si oigo al Niño llorar?
—Porque con mis trinos
le quiero consolar.
—¿Por qué trinas meciéndolo,
y por qué llorando está?
—Porque el mundo al que ama
no le ha querido aliviar.

Los tres Reyes se fueron,
los pastores se van,
y si ellos le dejan,
las ovejas, ¿qué harán?
Pajarillos de plumas:
venid al Niño a adorar,
¡que ya no vienen los hombres
la noche de Navidad!
Allí en el establo,
cerca del portal,
el ruiseñor canta,
mientras llorando está;
tanto llora y suspira,
que sobre Él quieren cantar:
¡Flor de lirio, lirio,
flor de blanco lirial!

(Jacinto Verdaguer)

La flor de Navidad

En la fresca sombra
de un blanco rosal,
un lirio florece
por la Navidad.

Bonita es la rosa,
el rosal lo es más;
pero es más el lirio
que florecerá.

Tiene sus hojitas verdes
y blanco el cáliz está,
y la miel que hay en el cáliz
es una miel celestial.
Las abejas que a libarle
su dulcísima miel van,
son ángeles de los cielos
que le quieren custodiar.

Hemosa es la rosa,
el ramo lo es más;
pero es más el lirio
que florecerá.

(Jacinto Verdaguer)

VILLANCICO

*Niño de mi vida,
dulce Redentor;
¡quién pudiera amarte
con tu mismo amor!
¡Como Tú me quieres
te quisiera yo!*

*Vida de mi vida,
amor de mi amor,
cielo de los cielos,
sol del mismo sol.
A adorarte vengo,
mi Dios y Señor.
Como Tú me quieres
te quisiera yo.*

*Mudo ante tus plantas,
mírame, Señor.
¿Cómo en lengua de hombre
te hablaré, mi Dios?
Háblente mis ojos
con ansias de amor.
Como Tú me quieres
te quisiera yo.*

*Mírame, mi vida,
mírame, mi amor;
quiéreme, mi Niño,
quiéreme, mi Dios.
Si pudiera amarte
con tu mismo amor,
como Tú me quieres
te quisiera yo.*

*Gloria de los Cielos,
mi Dios y Señor;
dulce Jesús mío,
dulce Redentor.
Dame lo que pides
y pídeme amor,
como Tú me quieres
te quisiera yo.*

*Tuyos son mis ojos,
tuyo el corazón,
tuya toda el alma,
tuyo yo, Señor.
Si hombre sólo fueses
y Dios fuera yo,
hombre yo me haría
para hacerte Dios.*

(Restituto del Valle)

Callar...

Dicen que el niño ha nacido,
y el corazón en la brisa
tiene una fiesta imprecisa
de campanario sin nido...;
siempre hay un niño dormido
junto al silencio...; vivir
sin despertarle ni herir
con la nieve su garganta...;
Callar, es la noche santa,
no la debemos dormir.

Callar...¿si el niño tuviera
siquiera luz por abrigo
y el viento no helara el trigo
de su sonrisa primera...?;
callar...¿si el niño quisiera
descansarnos de vivir,
y el mundo dejara oír
su alegre mensajería?;
callar...habla todavía,
no la debemos dormir.

(Luis Rosales)

VILLANCICO DE LAS ESTRELLAS ALTAS

*La Virgen María
se siente cansada;
San José la acuesta;
la Virgen descansa.*

*La techumbre rota;
las estrellas altas;
leguas, muchas leguas
llevan caminadas.*

*La Virgen María
está soleada
por dentro, su sangre
se convierte en savia,*

*su cuerpo florece
igual que una vara
de nardos o un ramo
de celindas blancas.*

*El niño ha nacido
como nace el alba;
los ojos con risa,
la boca con lágrimas.*

*En el aire nieve;
en la nieve alas
y el viento que bate
puertas y ventanas.*

*La Virgen no tiene
rebozo ni manta;
San José la mira,
se quema mirándola.*

*Entre la penumbra,
pidiendo posada,
la carne del niño
desnuda se halla.*

*La nieve que cae,
pues del cielo baja,
va formando techo
para cobijarla.*

*La Virgen María
se siente cansada;
cuando mira al niño
la Virgen descansa.*

(Luis Rosales)

NANA

Duérmete, niño mío,
flor de mi sangre,
lucero custodiado,
luz caminante.

Si las sombras se alargan
sobre los árboles,
detrás de cada tronco
combate un ángel.

Si las estrellas bajan
para mirarte,
detrás de cada estrella
camina un ángel.

Si la nieve descansa
sobre tu carne,
detrás de cada copo
solloza un ángel.

Si viene el mar humilde
para besarte,
detrás de cada ola
relumbra un ángel.

¿Tendrá el sueño en tus ojos
sitio bastante?
Duerme, recién nacido,
pan de mi carne;

lucero custodiado,
luz caminante,
duerme, que calle el viento...,
dile que calle.

(Luis Rosales)

Villancico de la falta de fe

La estrella es tan clara
que no todo el mundo la ve.

En el cielo hay una estrella
nueva y lentísima, es
la estrella de Dios que guía
hacia el portal de Belén.

Los Magos, como son magos,
vieron la estrella nacer;
los hombres, como son hombres,
la miran y no la ven.

Baltasar tiene la carne
morena como el almez;
Gaspar es viejo, tan viejo
que ha muerto más de una vez,

y Melchor es tan creyente,
tan iluminado, que
siempre que sus ojos miran
se ven sus ojos arder.

Pasan ciudades, ciudades
con calentura en la sien,
donde la estrella, que es niña,
se apaga para no ver.

(Luis Rosales)

Nazareth

La tarde
está enviando tinieblas,
recelosa de su marcha.

El Niño Jesús
juega, juega...
jugando estaba en la plaza.

En el taller
San José puso fin a su jornada.

La Virgen
—alma de armiño—
borda y ora, borda y canta.

El Niño Jesús
ya no juega:
mirando está en lontananza.

¿Qué divisará Jesús
que su mirada se apaga?
¿Acaso ve ya la cruz?...
El Niño Jesús ha vuelto
a los juegos de la infancia;
y... juega... juega en la plaza.

(Luis Girol Martínez)

MARÍA MADRE

La Virgen,
sonríe muy bella
¡Ya brotó el Rosal,
que bajó a la tierra
para perfumar!

La Virgen María
canta nanas ya.
Y canta a una estrella
que supo bajar
a Belén volando
como un pastor más.

Tres Reyes llegaron;
cesa de nevar.
¡La luna le ha visto,
cesa de llorar!
Su llanto de nieve
cuajó en el pinar.

Mil ángeles cantan
canción de cristal
que un Clavel nació
de un suave Rosal.

(Gloria Fuertes)

SI LA PALMERA PUDIERA

Si la palmera pudiera
volverse tan niña, niña,
como cuando era una niña
con cintura de pulsera.
Para que el Niño la viera...

Si la palmera tuviera
las patas del borriquillo,
las alas del Gabrielillo.
Para cuando el Niño quiera
correr, volver a su vera...

Si la palmera supiera
que sus palmas algún día...
Si la palmera supiera
por qué la Virgen María
la mira... Si ella tuviera...

Si la palmera pudiera...
...la palmera...

(Gerardo Diego)

¿QUIÉN HA ENTRADO EN EL PORTAL DE BELÉN?

*¿Quién ha entrado en el portal,
en el portal de Belén?
¿Quién ha entrado por la puerta?
¿quién ha entrado, quién?*

*La noche, el frío, la escarcha
y la espada de una estella.
Un varón —vara florida—
y una doncella.*

*¿Quién ha entrado en el portal
por el techo abierto y roto?
¿Quién ha entrado que así suena
celeste alboroto?*

*Una escala de oro y música,
sostenidos y bemoles
y ángeles con panderetas
dorremifasoles.*

*¿Quién ha entrado en el portal,
en el portal de Belén,
no por la puerta y el techo
ni el aire del aire, quién?*

*Flor sobre impacto capullo,
rocío sobre la flor.
Nadie sabe cómo vino
mi Niño, mi amor.*

(Gerardo Diego)

Letrilla de la Virgen María esperando la Navidad

Cuando venga, ¡ay!, yo no sé
con qué le envolveré yo,
con qué.

Ay, dímelo tú, la luna,
cuando en tus brazos de hechizo
tomas al roble macizo
y lo acunas en tu cuna.
Dímelo que no lo sé,
con qué le tocaré yo,
con qué.

Ay, dímelo tú, la brisa,
que con tus besos más leves
la hoja más alta remueves,
peinas la pluma más lisa,
Dímelo y no lo diré
con qué le besaré yo,
con qué.

Pues dímelo tú, arroyuelo,
tú que con labios de plata
le cantas una sonata
de azul música de cielo.
Cuéntame, susúrrame
con qué le cantaré yo,
con qué.

Y ahora que me acordaba,
ángel del Señor, de Ti,
dímelo, pues recibí
tu mensaje: "He aquí la esclava".
Sí, dímelo por tu fe,
con qué le abrazaré yo,
con qué.

O dímelo tú, si no,
si es que lo sabes, José,
y yo te obedeceré,
que soy una niña yo,
con qué manos le tendré
que no se me rompa, no
con qué.

(Gerardo Diego)

JESÚS, EL DULCE, VIENE...

Jesús, el dulce, viene...
Las noches huelen a romero...

¡Oh, qué pureza tiene
la luna en el sendero!

Palacios, catedrales,
tienden la luz a sus cristales
insomnes en la sombra dura y fría...

Mas la celeste melodía
suena fuera...

Celeste primavera
que la nieve, al pasar, blanda, deshace,
y dejan atrás eterna calma...

¡Señor del cielo, nace
esta vez en mi alma!

(Juan Ramón Jiménez)

NANA DE LA VIRGEN MARÍA

Duérmete, Niño amante
luz de mi sueño.
Duérmete sin cuidados
que yo te velo.

Cuando caiga la noche
sobre el silencio,
se hará cojín de espumas
mi blanco pecho.

Cuando frías estrellas
nieven del cielo
será para tu carne
pañal mi beso.

Cuando sepan pastores...
Cuando el misterio...
¡Duérmete, niño amante,
luz de mi sueño!

¿Por qué tienes los ojos
limpios y abiertos?...
Ya más no puedo darte...
Duerme, lucero.
Duérmete. Mira:
hosannas
dicen los vientos...
(Despacio...
Callad.
Despacio,
que está durmiendo...)

(Claudio Rodríguez)

Canción de Navidad

*La Virgen María
penaba y sufría.
Jesús no quería
dejarse acostar...
—¿No quieres?
—No quiero.*

*Cantaba un jilguero,
sabía a romero
y a luna al cantar.
La Virgen María
probó si podría
del son que venía
la gracia copiar.*

*María cantaba,
Jesús la escuchaba,
José, que aserraba,
dejó de aserrar...*

*La Virgen María
cantaba y reía,
Jesús se dormía
de oírla cantar.*

*Tan bien se ha dormido
que el día ha venido,
inútil ha sido
gritar y llamar...*

*Y entrando ya el día,
como Él aún dormía,
para despertarle
¡la Virgen María
tuvo que llorar!*

(Eduardo Marquina)

Motivos negros

Melchor, Gaspar, Baltasar,
tres magos: Baltasar negro.
Y el negro, mirando al cielo,
de las estrellas se ríe;
y la blanca luna, espejo,
se le ríe, se le ríe.

Y el Niño, al ver mago negro,
se echa a reír, y su risa
mece el pesebre del cielo.

Risa pura, luna llena,
funde las nieves del suelo...

(Miguel de Unamuno)

Canción del pastor en vela

¡No, que no puedo dormir!
El Niño está en el Portal.
Y si me lo llevan, di.

En el Portal está el Niño
En el Portal que está abierto
para ladrones y fríos.

Y si me lo llevan, di,
¿quién lo podrá rescatar?...
No, que no puedo dormir.

No, que no me cierre el sueño
los ojos con qué velar
la luz del Portal abierto.

Que si se llevan de aquí
la luz del mundo, mañana
¿quién me traerá el día, di?

Déjame, sueño, sin sueño
que si se llevan su luz
voy a despertarme ciego.

Que si se lo llevan, di,
¿podrán los ojos del llanto
descansar para dormir?...

(José García Nieto)

Bibliografía

Bravo Villasante, C.
Historia y antología de la Literatura Hispanoamericana-2.
Madrid: Doncel, 1982.

Una dola tela catola.
Madrid: Susaeta, 1994.

Calles Vales, José.
Cancionero Popular.
Madrid: Editorial Libsa, 2001.

Díaz, Joaquín.
Canciones y cuentos tradicionales (edición fonográfica).
Madrid: Fonomusic, 1984.

Las cuadrillas de Murcia (edición fonográfica de la Empresa Pública Regional Murcia'92).
Madrid: Producciones Trenti, 1992.

Guerrero Ruiz, Pedro, y López Valero, Amando.
Poesía popular murciana.
Murcia: Universidad de Murcia.

Hidalgo Montoya, Juan.
Cancionero de Navidad.
Madrid: Música Moderna, 1995.

López Serrano, Ricardo.
Folclore Navideño de los Navalucillos.
Toledo: Diputación Provincial, 1999.

Mil canciones españolas (recogidas por la Sección Femenina).
Madrid: Editorial Almena, 1966.

Morillo, María José.
Villancicos. Madrid: Ediciones Palabra, 1997.

Páginas inéditas del folklore español (edición fonográfica del Ministerio de Cultura).
Valencia: Xirivella records, 1984.

Navidad. Madrid: Editorial Almena, 1968.

Tejero Robledo, Eduardo.
Literatura de tradición oral en Ávila.
Ávila: Diputación Provincial de Ávila, 1994.

Vallejo Cisneros, Antonio.
Música y tradiciones populares.
Ciudad Real: Diputación de Ciudad Real, 1988.

365 canciones infantiles.
Madrid: Grafalco, 1996.

ÍNDICE GENERAL

INTRODUCCIÓN 7
NOTA DEL EDITOR 9

CANTEMOS A LA NAVIDAD 11
Pastorcitos de Judea 13
La Virgen lleva una rosa 14
Arre, borriquito 15
Los pastores son 16
En Belén tocan a fuego 17
Tararán* 18
La Virgen fue lavandera 19
Hacia Belén va una burra 20
Dime, Niño, ¿de quién eres? 21
Campana sobre campana 22
Ro, ro, ro, mi Niño 23
Los pastores y pastoras 23
A Belén, pastores 24
Campanas de Navidad 25
Gloria in excelsis Deo 26
Los peces en el río 27
Alepún 28
Una pandereta suena 29
El diciembre más glacial 30
Carrasclás 31
La jornada 32
Ya vienen los Reyes 33
Zumba, zúmbale al pandero 33
Gatatumba 34
Madre, a la puerta hay un niño 34
Olé, olanda 35
Pastores, venid 36
En el Portal de Belén 37
Huyendo del rey Herodes 38

La farolita	39
La pastora Catalina*	39
Al filo de la medianoche	40
La Virgen venía de Egipto	40
Il est né*	41
Adeste fideles*	42
White Christmas	44
I sing of a maiden*	45
Little Drummer Boy	46
Twinkle, twinkle little star	48
Away in a manger*	49
O Tannenbaum*	50
Stille Nacht	52

RONDA ESPAÑOLA — 55
Hagamos un corro — 57

ANDALUCÍA — 59
Ay del chiquirritín* — 60
La Virgen venía de Egipto — 61
Los campanilleros* — 62

ARAGÓN — 63
Tan, tan* — 65
Coplicas del Sagrado Nacimiento* — 65

ASTURIAS — 67
Alsa, Bayona* — 68
Voy a cantar — 69

BALEARES — 71
Hi ha neu a la muntanya* — 73
Toca es timbal — 74
Deixem lo dol* — 75

CANARIAS — 77
A Belén, pastorcitos — 79
Esta noche nace el Niño* — 80

CANTABRIA — 81
El carmoniego — 83
Cantemos, pastores* — 84

Castilla-La Mancha ... 85
Con seda verde* ... 87
Una mulita y un buey ... 88
Ardía la zarza* ... 89

Castilla y León ... 91
Ofrecimientos ... 93
Junto al Reino de Judea ... 94
En el portal de Belén* ... 95
La Virgen es panadera* ... 96

Cataluña ... 97
Nit de vetlla* ... 99
El rabadà ... 100
El petit vailet ... 102
El cant dels ocells ... 104
A vint-i-cinc de desembre* ... 106

Comunidad Valenciana ... 107
De goig i alegria ... 109
Salid, salid, pastores ... 110
Nyo Maria* ... 111
Nana, naneta ... 112
Pastorets de la muntanya* ... 113

Extremadura ... 115
La Virgen fue lavandera* ... 117
La Virgen y san José* ... 117
Villancico mañegu ... 118
La serrana de la sierra ... 118

Galicia ... 119
Ruliño, ruliño ... 121
A Belén vinde, pastores* ... 122
Vinde, picariñas* ... 123

Madrid ... 125
La marimorena ... 127
Canta, ríe y bebe ... 128
Las aves tienen su nido* ... 129
La Virgen camina a Egipto* ... 129

Murcia	131
Si los pastores supieran	133
Viva la alegría	133
Esta noche es Nochebuena*	134
La Virgen es panadera*	134
Navarra	135
Birgina Maite	137
Gaurko haundi honetan*	138
País Vasco	139
Hator, hator, mutil*	141
Oi Betleem!	142
Gabaren erdian*	143
La Rioja	145
Toca la zambomba	147
San José era carpintero*	147
AGUINALDOS	149
Deme el aguinaldo	151
A esta puerta hemos llegado	151
Esta noche, caballeros	152
Aguinaldo arenense	153
Aguinaldo extremeño	153
A las arandelas	154
Esta noche es Nochebuena	156
Buenos Reyes	157
Ay, divina estrela	158
Aguinaldo venezolano	159
Aguinaldos murcianos	160
Aguinaldo valenciano	161
ROMANCES Y POEMAS DE LA NAVIDAD	163
La Virgen iba de parto	165
Venga en hora buena	165
Antes de las doce	166
La Virgen y el labrador	167
La Virgen y el ciego	168
Oriente	169

La corderada 170
La Virgen se está peinando 171
Las doce están dando 171
En un portillico abierto 172

NANAS 173
Duérmete ya 175
Arrullo 175
A la nanita nana 176
Duérmete, cariño 177
¡Ro, mi Niño, ro! 177
Arrú, arrú, mi Niño 178
Quedito, quedo 179
Mi Niño se va a dormir 179
Mu, mu, mu 180
Quedito, pasito 180

CANCIONERO NAVIDEÑO DE AUTOR 181
Canción para callar al Niño. (Gómez Manrique) 183
Venida, es venida. (Juan Álvarez Gato) 183
Anda acá, pastor. (Juan del Encina) 184
Decid, los pastores... (Lucas Fernández) 185
Véante mis ojos. (Santa Teresa de Jesús) 186
Al Niño Jesús. (Juan Díaz Rengifo) 186
Caminad, esposa*. (Francisco de Ocaña) 187
Clavel de la aurora. (Luis de Góngora) 188
Alegraos, pastores. (Lope de Vega) 189
Mañanicas floridas. (Lope de Vega) 189
Zagalejo de perlas. (Lope de Vega) 190
No lloréis, mis ojos*. (Lope de Vega) 191
Pues andáis en las palmas. (Lope de Vega) 192
Las pajas del pesebre*. (Lope de Vega) 193
Atabales tocan. (José de Valdivieso) 194
Letra de Natividad. (José de Valdivieso) 195
Portalico divino. (Francisco de Ávila) 196
Hagamos un pellico. (Cosme Gómez Tejada de los Reyes) 196
¿Cómo perdido, zagal...? (Cosme Gómez Tejada de los Reyes) 197
Canción del ruiseñor. (Jacinto Verdaguer) 198
La flor de Navidad. (Jacinto Verdaguer) 199
Villancico. (Restituto del Valle) 200
Callar... (Luis Rosales) 201

Villancico de las estrellas altas. (Luis Rosales) 202
Nana. (Luis Rosales) 203
Villancico de la falta de fe. (Luis Rosales) 204
Nazareth. (Luis Girol Martínez) 205
María Madre. (Gloria Fuertes) 206
Si la palmera pudiera. (Gerardo Diego) 206
¿Quién ha entrado en el portal de Belén? (Gerardo Diego) 207
Letrilla de la Virgen María esperando la Navidad. (Gerardo Diego) 208
Jesús, el dulce, viene... (Juan Ramón Jiménez) 209
Nana de la Virgen María. (Claudio Rodríguez) 209
Canción de Navidad. (Eduardo Marquina) 210
Motivos negros. (Miguel de Unamuno) 211
Canción del pastor en vela. (José García Nieto) 212

BIBLIOGRAFÍA 213